Joseph Karl Benedikt Freiherr von Eichendorff, geboren am 10. März 1788 auf Schloß Lubowitz bei Ratibor in Schlesien, ist am 26. November 1857 in Neiße gestorben.

Eichendorffs Gedichte bestechen bis zum heutigen Tage durch ihre eigentümliche Konzentration und ihre Mehrdeutigkeit, durch ihren Ton und ihre Form. Die von Hartwig Schultz zum 200. Geburtstag von Joseph von Eichendorff neu zusammengestellte Gedichtauswahl in zeitlicher Folge, die auf die Erstdrucke der Gedichte zurückgreift und sogar eine Probe der Schülergedichte bietet, läßt die Entwicklung dieses Dichters nachvollziehbar werden. Und das Nachwort, das Eichendorffs lyrisches Werk samt seiner Rezeption skizziert, vertieft punktuell diesen Entwicklungsgang und macht auf die Mehrschichtigkeit scheinbar nur stimmungsvoller Naturgedichte aufmerksam, auf die »Bilder und ihre Bedeutung, die sich ordnen ließen zu einem sinnvollen System, in dem nichts Geringeres dargestellt wäre als die elementaren Kategorien unserer Welterfahrung«. *Richard Alewyn*

insel taschenbuch 1060
Eichendorff
Gedichte

JOSEPH VON EICHENDORFF GEDICHTE

In chronologischer Folge
herausgegeben
von Hartwig Schultz
Insel Verlag

insel taschenbuch 1060
Erste Auflage 1988
© dieser Ausgabe Insel Verlag Frankfurt am Main 1988
Alle Rechte vorbehalten
Vertrieb durch den Suhrkamp Taschenbuch Verlag
Umschlag nach Entwürfen von Willy Fleckhaus
Satz: Satz-Offizin Hümmer, Waldbüttelbrunn
Druck: Nomos Verlagsgesellschaft, Baden-Baden
Printed in Germany

3 4 5 6 – 93

GEDICHTE

JUGENDGEDICHTE
1800–1805

AN EINEN STÄDTER

O unglückselger Mann, den fern von Land und
                             Ländlichkeit,
Nur Schauspiel, Ball und Oper freut.
Der nicht den Blumflor kennt, und nur durchs düstre
                             Fenster sieht,
Wie welk die Ros' am Fenster blüht.

DIE ENTSTEHUNG DER AUGENSPRACHE

Seitdem samt Pfeil und Zaubertücken
Man Amorn aus der Würklichkeit verbannt',
Schießt er unsichtbar itzt und unerkannt
Doch schlauer noch, mit Mädchenblicken.

MEINEM: JACOB MÜLLER

I.

Freund, der von meinen düstern Blicken
Den Nebelschleier hob,
Daß ich voll heiligem Entzücken
In Morgenrot gehüllt
Arkadiens Flur, der Menschheit Unschulds-Wiege,

Und Agamemnons Heer
Und Thetis Sohn im stolzen Siege,
Und Trojas Flammen sah!

2.

Ja, Freund, das Trennungswort im Munde
Mit furchtbar schnellem Schritt,
Naht schon die nachtumwölkte Stunde,
Die uns – auf immer trennt.

LIEBE
Ode

Mädchen, wenn in deiner Reize
Wonnemeer mein Blick sich taucht,
Wenn von deinem Purpurmunde
Heiße Sehnsucht mich durchhaucht;

O, wie schwind't dann jeder Wunsch, der
Kühn sonst in die Zukunft sah,
Einer nur steht allverschlingend
Und allmächtig vor mir da!

Ach, der Wunsch, hinwegzuküssen
Von der Lippen zarten Rot
Sanft Vergessen des Vergangnen,
Kraft für Zukunft, Mut für Tod!

Auf dann lodern alle Kräfte,
Die, in düstrer Nacht versteckt,

In des Herzens Räumen schliefen,
Von der Liebe Tag geweckt.

Nieder stürzt der Täuschung Vorhang
Den des Menschen Sinne ziehn,
Nichtig, und im bunten Wechsel,
Schwebt, was irdisch ist, dahin!

Nur die Lieb', die ew'ge Schöne
Streckt ihr Haupt den Sternen zu;
Unstet kreisen Welt und Zeiten –
Sie geneußt und spendet Ruh!

Sieh – es sinkt die alte Welt mir
Vor des Geistes kühnem Lauf;
Rosig strahlt mir eine neue –
Eine Welt der Liebe auf!

Offen, offen steht der Himmel!
Auf, frei von der Tierheit Last,
Auf zum Vater, wo die Wesen
Alle heil'ge Lieb' umfaßt!

AN EINEN UNEDLEN VON ADEL

Auf, auf, du Weichling, auf vom Nebeltraume,
Der schmeichelnd dir den kind'schen Blick umwebt!
Schau um dich her, wie schön dem goldnem Saume
Des Himmels, dort die hell're Sonn' entschwebt.

Zur Hölle floh die Eisenzeit der Nächte,
Vom Strahlentag der Wahrheit kühn verscheucht,
Die Zeit, die freier Menschheit heil'ge Rechte
Dem Joch' beglückter Schwelger einst gebeugt.

Erwacht aus seines Vorurteiles Höhle
Begrüßt den jungen Tag das Freigefühl.
Nicht Waffenklang mehr schreckt die Kraft der Seele
Im Himmel steckt sie sich der Weisheit hohes Ziel.

Weh dir, sind deine abgeschwächten Blicke
Der Göttin ernstes Aug' entwohnt! –
Hier äfft Verdienste keines Glückes Tücke,
Erworben muß erst sein, eh sie belohnt.

Bei ihr deckst du mit keinem Ordensbande,
Mit keinem Flitter deine Blöße zu
Kühn reißet hier Dich der Verachtung Schande
Hervor aus deiner Ahnen trägen Ruh –

Ernst wallt die Göttin über'm Weltgewühle
Und steil und einsam ist der Weg hinauf –
Doch oben küßt des Himmels duft'ge Kühle
Den Schweiß dem müden Wandrer freundlich auf.

Drum auf – Was weilst du spöttelnd noch am
                        Schlunde
Der mit dem alten Wahn dein Glück verschlingt?
Hoffst du noch, daß das Wechselrad der Stunde
Dein schwacher Arm zurück zum Stillstand zwingt?

Vergebens blickst Du stolz auf Niedrer Leben –
Frei ist der Mann, und keines Mannes Knecht!
Den Adel kann sich Jeder selbst nur geben,
Zu deinem haben Alle gleiches Recht.

O horch' auf sie, die dir den Adel schufen,
O störe ihrer Asche Ruhe nicht!
In ihren Gruften stehn sie auf, und rufen:
»So, Knabe, waren deine Väter nicht!«

O schnell von hier, dorthin ins tätige Gewühle
Wo eigne Kraft und eigner Mut noch gilt,
Wo jeder froh aus eigner Tatkraft Fülle
Sich selbst den Becher des Genusses füllt.

Dort ringe nach der Höh', wo brav' und bieder
Der Väter Geister winkend stehn,
Und hast Du sie erreicht, dann wag' es wieder
Dem Biedermann ins Aug' zu sehn! -

SONST UND JETZT

Sonett

Sonst tönte ach! mein Saitenspiel so helle,
Eh noch der Liebe Zauber mich umschlang;
Frohlauschend auf der Lieder süßen Klang
Enthüpfte leiser oft die Silberquelle.

Da horcht' ich oft, umrauscht von ihrer Welle
Wenn Rosendämmrung ihren Fittich schwang,

13

Wie sanft ins Seelenlied der Philomele
Der Nachhall meine kleinen Lieder sang.

Jetzt sind sie hin, der Kindheit Wonnezeiten.
Zu einem Ton ist jedes Lied verschallt,
Nur Liebe, Liebe seufzen alle Saiten! –

Doch es verhallt der Ton im unermeßlich Weiten
Kein Nachhall tönt ihm nun; kein Busen wallt,
Der sanft ihm Liebe – Liebe widerhallt! –

In wildem Wechsel treibt das flüchtge Leben.
Bang schwebt der Schiffer auf den fliehenden Wogen,
Vorüber Land und Menschen fortgezogen,
Es muß wohin die vollen Segel streben.
In Dämmrung sieht er noch die Heimat ragen,
Zypressen aus vergeßnen Blumenwogen;
Herüber schimmert's hold wie Regenbogen,
Er steht allein – und kann nur sehnend klagen;
Nichts weilt, doch aus der Erinnrung süßen

Schmerzen,

Da blühen wieder die verklungnen Zeiten;
Ob auch die lieben Stunden längst vergangen,
Ruht doch ihr stilles Bild in träum'nden Herzen
Frühlingen gleich von Zauberschein umfangen,
Freundlich durchs ganze Leben zu geleiten.

BEIM ERWACHEN
An M. H.

Tiefer ins Morgenrot versinken die Sterne alle,
Fern nur aus Träumen dämmert dein Bild noch

vorüber,

Und weinender tauch' ich aus seliger Flut. –

Aber im Herzen tief bewahr' ich die lieben Züge,
Trage sie schweigend durch des Tages Gewühle
Bis wieder zur stillen träumenden Nacht. –

SEHNSUCHT

Selig, wer zur Kunst erlesen,
Ruhig in getreuer Lust,
Hoher Dinge seltsam Wesen,
Selber froh erschreckt, mag lesen
In der wundervollen Brust!

Wie die Rosse mutig scharrten!
Ach! die Freunde sind voraus!
Draußen blüht der schöne Garten,
Draußen Wald und Liebchen warten,
Und ich kann nicht, kann nicht raus!

Bleib' ich ewig fern vom Glücke? –
Wen die Treue ganz durchdrang,
Einmal trafen Liebesblicke,
Ach! er kann nicht mehr zurücke,
Und ich kniee lebenslang.

Lodert, lodert heil'ge Kerzen!
Bleibet unerhört mein Flehn:
Will ich in den Freuden, Schmerzen,
Mit dem unentweihten Herzen
Treu und heilig untergehn.

Ewig's Träumen von den Fernen!
Endlich ist das Herz erwacht
Unter Blumen, Klang und Sternen
In der dunkelgrünen Nacht.

Schlummernd unter blauen Wellen
Ruht der Knabe unbewußt,
Engel ziehen durch die Brust,
Oben hört er in den Wellen
Ein unendlich Wort zerrinnen,
Und das Herze weint und lacht,
Doch er kann sich nicht besinnen
In der dunkelgrünen Nacht.

Und der Frühling will sich bläuen,
Aus der Grüne, aus dem Schein
Ruft es lockend: Ewig Dein! –
Aus der Minne Zaubereien
Muß er sehnen sich nach Fernen,
Denkend der alten Wunderpracht
Unter Blumen, Klang und Sternen
In der dunkelgrünen Nacht.

Heil'ger Kampf nach langem Säumen,
Wenn süßschaudernd an das Licht,
Lieb' in dunkle Klagen bricht!
Aus der Schmerzen Sturz und Schäumen
Steigt Geliebte, Himmel, Fernen,
Endlich ist das Herz erwacht

Unter Blumen, Klang und Sternen
In der dunkelgrünen Nacht.

Und der Streit muß sich versöhnen,
Und die Wonne und den Schmerz
Muß er ewig himmelwärts
Schlagen nun in vollen Tönen:
Ewig's Träumen von den Fernen!
Endlich ist das Herz erwacht
Unter Blumen, Klang und Sternen
In der dunkelgrünen Nacht.

ANTWORT

An H. Gf. v. Loeben

Demütig kniet ich vor der Jungfrau Bilde,
Erflehend nur ein einzig Liebes-Zeichen,
Das nicht in Angst und Pein möcht' von mir weichen.
Sie gab mir – Mut und Andacht milde.

Nun drängt ein Schmerz mich süß und sanft und
                                        wilde,
Daß ich mir ihrer Wunder Himmelreichen,
Die weiter als mein ird'sches Leben reichen,
Wie ich sie himmlisch schau', die Schöne bilde.

Mir fehlen Töne noch und Himmelsfrieden;
Dir ward Erfüllung frühe schon beschieden,
Dein Himmel ist, wo zauberte dein Beten.

Hast du den höchsten Wunsch mir nun genommen,
Werd’ ich demutsvoll wieder vor Dich treten;
Eins sein mit Dir, kann nur allein mir frommen.

AN ISIDORUS ORIENTALIS
zu den Sonetten an Novalis

Erwartung wob sich grün um alle Herzen
Als wir die blaue Blume sahen glühen,
Das Morgenrot aus langen Nächten blühen, –
Da zog Maria ihn zu ihrem Herzen.

Die Treuen schlossen sich in tausend Schmerzen,
Erfüllung betend wollt’n sie ewig knien;
Da sahn sie neuen Glanz die Blume sprühen,
Ein Kind stieg licht aus ihrem duft’gen Herzen. –

Solch’ Glühen muß der Erde Mark durchdringen,
In Flammen alle Farben jauchzend schwingen,
Ein Gotterklungner unermeßner Brand!

Wie ruft es mich! – Reich’ fester mir die Hand –
Hinunter in den Opfertod zu springen!
Du wirst uns all’ dem Vater wiederbringen!

ERMUNTERUNG

Waldhorn bringt Kund’ getragen,
Es hab’ nun aufgeschlagen

Der Lenz sein grünes Reich
Auf Bergen, Fluß und Teich.

In's Grün ziehn Klang und Reiter,
Ein jeglich Herz wird weiter,
Zög' gerne mit in's Grün,
Wollt' mit in's Blaue blühn.

Was stehst du so alleine
Pilgrim, im bunten Scheine?
Lockt dich der Wunderlaut
Nicht auch zur fernen Braut?

Kommt Liebesblick geschossen,
Der klare Strom geflossen,
Zur Heimat geht der Schein –
Was stehst du so allein?

»Ach! diese tausendfachen
Heilig verschlungnen Sprachen,
So lockend Lust wie Schmerz
Zerreißen mir das Herz!

Ein Wort will mir's verkünden,
Oft ist's, als müßt' ich's finden,
Und wieder ist's nicht so,
Und ewig frag' ich: Wo?«

Auf einsam hoher Stelle
Steht eine Waldkapelle,

Grüßt Wolken, Strom und Tal,
Die Pilger allzumal.

Eine heilige Romanze,
Das Tal im Abendglanze
Will dich an's Herze ziehn –
Dort magst du niederknien:

»Viel ist noch zu vollbringen,
Herr Gott, laß uns bezwingen
Die Trübnis und die Nacht,
Der Treuen Herze wacht!«

Wie heiter die Gebärde!
Verwandelt blüht die Erde,
Das Herz schlägt stark und frei,
All' Trübnis ist vorbei!

FRÜHLINGSANDACHT

I.

Was wollen mir vertraun die blauen Weiten,
Des Landes Glanz, die Wirrung süßer Lieder?
Mir ist so wohl, so bang'! – Seid ihr es wieder,
Der frommen Kindheit stille Blumenzeiten? –

Wohl weiß ich's – dieser Farben heimlich Spreiten
Deckt einer Jungfrau strahlend reine Glieder;

Es wogt der große Schleier auf und nieder,
Sie schlummert drunten fort seit Ewigkeiten.

Mir ist in solchen linden blauen Tagen,
Als müßten alle Farben auferstehen,
Aus blauer Fern' Sie endlich zu mir gehen.

So wart' ich still, schau' in den Frühling milde,
Das ganze Herz weint nach dem süßen Bilde,
Vor Freud'? Vor Schmerz? – Ich weiß es nicht zu sagen.

II.

In Lust und Scherzen dreh'n sich leichte Tage,
Von weißen Armen ruhet Lieb' umwunden,
Der Sänger schweift allein in Waldesgrunde,
Nur Waldhorns-Klang will, was er sucht, ihm sagen.

Es bringt der Lenz so glänzend Spiel getragen,
Durch's farb'ge Land die Ströme hell gewunden,
All' bunte Schifflein wieder losgebunden!
So zieh' doch fröhlich mit! – Wer wollt' noch zagen?

Doch daß im bunten, lichten Tanz des Maien
Der Einz'ge nur allein nicht länger weine,
Sieht er als Blume sich den Lenz erschließen;

Und aus dem duft'gen Kelch im Glorienscheine
Neigt sich die ew'ge Jungfrau, hebt den Treuen
An ihre Mutterbrust mit tausend Küssen.

Viel Lenze waren lange schon vergangen,
Vorüber zogen wunderbare Lieder,
Die Sterne gingen ewig auf und nieder,
Die selbst vor großer Sehnsucht golden klangen.

Und wie so tausend Stimmen ferne sangen,
Als riefen mich von hinnen sel'ge Brüder,
Fühlt' ich die alten Schmerzen immer wieder,
Seit Deine Blicke, Jungfrau, mich bezwangen.

Da war's, als ob sich still Dein Auge hübe;
Lang'st sehnsuchtsvoll nach mir mit offnen Armen,
Fühlst selbst die Schmerzen, die Du mir gegeben. –

Umfangen fühl' ich innigst mich erwarmen,
Berührt mit goldnen Strahlen mich das Leben;
Ach! daß ich ewig Dir am Herzen bliebe.

FRÜHLING

Über blaue Berge fröhlich
Kam der bunte Schein geflossen,
In den Schimmer rief ich selig:
»Freu dich nur, jetzt wirds vollendet!«
Doch der Frühling ist vergangen,
Was ich innigst hofft' und strebte
Blieb ein unbestimmt Verlangen.

Und nach langem trüben Schweigen
Kamen goldne Tage wieder.
Blaue Berge, alte Zeiten,
Blumen, Sterne, Ström' und Lieder
Woben wunderbar ein Netze,
Und das schlang sich um die Glieder,
Zog so innig fest und fester
Mich ans Herz der Erde nieder,
Und so schlummert' ich und träumte
Von der allerschönsten Braut. –

IN BUDDE'S STAMMBUCH

Es ist ein innig Ringen, Blühn und Sprossen,
Und träumend Rauschen tief in allen Zweigen,
Vor großer Wonne wieder selig' Schweigen,
Und klarer Liebesglanz drum ausgegossen.

Zwei Kindlein ruhn im Glanze, eng umschlossen,
Und goldne Vöglein in den grünen Zweigen,
Und Engel singend auf und nieder steigen –
So ist des Lenzes innerst Herz erschlossen.

Wer wollt' nicht schlummern in der Blume mitten
inne? –
Ein Kuß weckt dich von unsichtbarem Munde,
Da ist zu duft'gem Land die Blum' zerronnen,

Und Lieder rufen aus dem blüh'nden Grunde,
Hat Fabel drum ihr magisch Netz gesponnen –
Das ist das alte ew'ge Reich der Minne.

Ein Wunderland ist oben aufgeschlagen,
Wo goldne Ströme gehn und dunkel schallen,
Und durch das Rauschen tief' Gesänge hallen,
Die möchten gern ein hohes Wort uns sagen.

Viel goldne Brücken sind dort kühn geschlagen,
Und drüber alte Brüder sinnend wallen,
Und seltsam' Töne oft herunterfallen –
Da will tief' Sehnen uns von hinnen tragen.

Wen einmal so berührt die heil'gen Lieder,
Sein Leben taucht in die Musik der Sterne,
Ein ewig Ziehn in wundervolle Ferne.

Wie bald liegt da tief unten alles Trübe!
Er knieet ewig betend einsam nieder,
Verklärt im ew'gen Morgenrot der Liebe.

NICHT TRÄUME SIND'S

Nicht Träume sind's und leere Wahn-Gesichte,
Was von dem Volk' den Dichter unterscheidet.

Was er inbrünstig bildet, liebt und leidet,
Es ist des Lebens wahrhafte Geschichte.

Er fragt nicht viel, wie ihn die Menge richte,
Der eignen Ehr' nur in der Brust vereidet;
Denn wo begeistert er die Blicke weidet,
Grüßt ihn der Weltkreis mit verwandtem Lichte.

Die schöne Mutter, die ihn hat geboren,
Den Himmel liebt er, der ihn auserkoren,
Läßt beide Haupt und Brust sich heiter schmücken.

Die Menge selbst, die herbraust, ihn zu fragen
Nach seinem Recht, muß den Beglückten tragen,
Als Element ihm bietend ihren Rücken.

SONETT

Wohl kann ich, wie die andern, tun und lassen;
Auf kurze Frist von irdschem Wahn befangen,
Mitspielen ohne Klage und Verlangen,
Manch' Mädchen will mich nicht vom Herzen
                                   lassen.

Die Erde seh' ich schauernd süß erblassen,
Den Himmel überschwenglich aufgegangen,
Da faßt mich alte Liebe, altes Bangen,
Weiß nicht, soll ich das Kreuz, die Fahne fassen.

Es stürzt der Bach, hoch brausen Waldeswipfel,
Durch flieh'nde Wolken Waldhornsklang geflogen –
Und wenn der Blitz die grimme Nacht durchzücket,

Sehn fern die Furchtsamen auf steilem Gipfel
Den Fremdling knien, auf das Schwert gebogen,
Das zornigleuchtend aus dem Dunkel blicket.

JAGDLIED

Durch dunkele Wipfel
Schießt goldener Strahl,
Tief unter den Gipfeln
Das neblichte Tal.
Fern glänzet das Schlosse,
Das Waldhorn ruft,
Es wiehern die Rosse,
In die Luft, in die Luft!

Schimmernd' Länder und Seen
Durch den Wolkenzug
Tief unten zu sehen
Im schwindelnden Flug;
Bald schlägt Dunkel wieder
Um Reiter und Roß,
O! Lieb' o Liebe
So laß mich los!

Immer weiter und weiter
Die Klänge ziehn,

Durch Wälder und Heiden
Wohin, ach! wohin?
Es dehnt sich die Erde,
Es bäumt sich die Kluft –
Mit funkelndem Schwerte
Haue die Luft!

Erquickliche Frische!
Süßschaurige Lust!
Hoch flattern die Büsche,
Frei schlägt die Brust.
Ewig im Herzen
Blüht Morgenrot,
Hoch auf den Bergen
Allein mit Gott!

WALDLUST

Ach! wie ist es doch gekommen,
Daß die grüne Waldespracht
So mein ganzes Herz genommen,
Mich um alle Ruh' gebracht!

Wenn von drüben Lieder wehen,
Waldhorn gar nicht enden will,
Weiß ich nicht, wie mir geschehen,
Und im Herzen bet' ich still.

Könnt' ich zu den Wäldern flüchten,
Mit dem Grün in frischer Lust

Mich zum Himmelsglanz aufrichten –
Stark und frei wär' da die Brust!

Hörnerklang und Lieder kämen
Nicht so schmerzlich an mein Herz,
Fröhlich wollt' ich Abschied nehmen,
Zög' auf ewig wälderwärts.

Waldhornklänge, funkelnd Bläue
Alte Wunder, schaurig Grün!
Breitet um mein Leben treue
Ewig euer Baldachin!

HERBSTLIEDCHEN

Flog Waldvögelein über den See,
Lieb' grüne Zeit, lieb' grüne Zeit;
Es zogen die Wolken: Ade, Ade!
Wir fliegen mitsammen gar weit, gar weit!

Es schaut Feinsliebchen vom hohen Saal,
Fern ziehn die Ritter im grünen Tal;
Waldvöglein sang immerfort: Ade!
Das tat Feinsliebchen im Herzen so weh.

DIE ZAUBERIN IM WALDE
Romanze

Alter Vater, alter Vater,
Laß mich aus dem grauen Hause!
Winter ist ja längst vergangen,
Helle scheint die Sonne draußen.

Wird dir denn nicht selber bange?
Wie ein fremder Vogel drunten
In dem Walde seltsam sange –
Alter Vater, laß mich 'runter!

»Lieber Sohn, wie machst mir bange!
Wend' zum Kreuze dich alsbalde,
Daß dich fürder nicht verlange
Nach dem dunkelgrünen Walde.

Drüben wohnt in dem Gebirge
Eine Fey auf blankem Schlosse,
Ist genannt Sidonia schöne,
Zeigt sich oft auf weißem Rosse.

Und wenn Frühling ist gekommen,
Steht sie oben auf der Zinne,
Schauet nach den dunklen Gründen,
Weint nach eines Knaben Minne.

Kommt der Vogel jeden Frühling
Immer zu des Waldes Pforte,

Singt hinaus in's Land so eigen,
Führet durchs Gebirg zum Schlosse.

Und so manchen wilden Knaben
Lüstete in frechem Mute
Nach der Feye schönem Leibe
Und den Edelstein' und Gute.

Doch von allen Knaben, allen
Mochte keiner Lieb' erwerben,
Mußten all' in bittern Klagen
In dem dunklen Walde sterben.«

»Vater! Ach, wie sprecht ihr trübe!
Hat's euch nie an's Herz geschlagen
Lockend aus dem grünen Walde,
Daß ihr also möget zagen?

Schon vor vielen frühen Jahren
Saß ich drüben, an dem Ufer,
Sah manch Schiff vorüberfahren
Weit hinein in Waldesdunkel.

Und gar seltsam hohe Blumen
Standen an dem Felsenrande,
Sprach der Strom so dunkle Worte,
'S war, als ob ich sie verstande.

Und wie ich so sinnend saße,
Und ein wundersam Gelüste

Mich gar seltsam tät erfassen
Mit zu ziehn im Strom der Düfte;

Kam auf einem goldnen Nachen
Bald die schönste aller Frauen,
Wie von lauter Edelsteinen
Eine Blume anzuschauen.

Und von ihrem Hals behende
Tät sie lösen eine Kette,
Reichte mir mit zarten Händen
Wohl die allerschönste Perle.

Ein Wort, seltsam, unverständlich,
Sprach sie da mit rotem Munde,
Doch im Herzen ewig stehen
Wird des Worts geheime Kunde. –

Und so saß ich lange Jahre,
Und wenn neu der Lenz erwachte,
Immer von dem Halsgeschmeide
Eine Perle sie mir brachte.

Ich barg sie in Waldesgrunde,
Und aus jeder Perle reine
Sproßte eine Blum' zur Stunde,
Wie ihr Antlitz wunderfeine.

Und so bin ich aufgewachsen,
Tät der Blumen treulich warten,

Schlummert' oft und träumte golden
In dem bunten Waldes-Garten.

Fortgespült ist nun der Garten
Und die Blumen all verschwunden,
Und durchs Herze fühl' ich's ziehen,
Bluten, blühen alle Wunden.

In der Fern' liegt jetzt mein Leben,
Breitend sich wie grüne Träume,
Schimmert stets so seltsam lockend
Durch die alten dunklen Bäume.

Jetzt erst weiß ich, was der Vogel
Ewig ruft so bange, bange,
Unbekannt zieht ew'ge Treue
Mich hinunter zu dem Sange.

Locken dich nicht selbst die Klänge,
Wie sie ferne, wie Karfunkel,
Dunkelleuchtend irre schweifen
Durch das schauersüße Dunkel?

Wie die Wälder kühle rauschen,
Zwischendurch das alte Rufen!
Wo bin ich so lang' gewesen? –
O ich muß hinab zur Ruhe!«

Und es stieg vom Schloß hinunter
Schnell der süße Florimunde,

Weit hinab und immer weiter
Zu dem dunkelgrünen Grunde.

Hört' die Ströme stärker rauschen,
Sah in Nacht des Vaters Burge
Stillerleuchtet stehn im Dunkel,
Alles Leben weit verschwunden! –

Und der Vater schaut vom Berge,
Schaut zum dunkeln Grunde immer,
Regte sich der Wald so grausig,
Doch den Sohn erblickt' er nimmer.

Und es kam der Winter balde,
Und viel Lenze kehrten wieder,
Doch der Vogel in dem Walde
Sang nie mehr die Wunderlieder.

Und das Waldschloß war versunken,
Und Sidonia schön verschwunden,
Wollte keinen andern haben
Nach dem süßen Florimunde.

MARIÄ SEHNSUCHT

Es ging Maria in den Morgen hinein,
Tat die Erde einen lichten Liebesschein,
Und über den fröhlichen grünen Höh'n
Sah sie den blaulichen Himmel weit stehn.

»Ach! Hätt’ ich ein Brautkleid von Himmelsschein,
Zwei goldene Flüglein – wie flög’ ich hinein!«

Es ging Maria in stiller Nacht,
Die Erde träumte, der Himmel wacht’,
Und durch’s Herze, wie sie ging und sann und dacht’,
Zogen die Sterne mit goldener Macht.
»Ach! Hätt’ ich das Brautkleid von Himmelsschein,
Und goldene Sterne gewoben drein!«

Es ging Maria im Garten allein,
Es sangen so lockend bunt’ Vögelein,
Und Rosen sah sie im Grünen stehn,
Viel rote und weiße so wunderschön.
»Ach! Hätt’ ich ein Knäblein so weiß und rot,
Wie wollt’ ich’s lieb haben bis in den Tod!«

LIED

Hat nun Lenz die silb’rnen Bronnen
    Losgebunden,
Knie’ ich nieder süßbeklommen
    In die Wunder.

Himmelreich! so kommt geschwommen
    Auf die Wunden!
Hast du einzig mich erkoren
    Zu den Wundern?

In die Ferne süß verloren,
    Lieder fluten,
Daß sie, rückwärts sanft erschollen,
    Bringen Kunde.

Was die andern sorgen, wollen,
    Ist mir dunkel,
Mir will ew'ger Durst nur frommen
    Nach dem Durste.

Was ich liebe und vernommen,
    Was geklungen,
Ist den eignen, tiefen Wonnen
    Selig Wunder.

LIED

Vöglein in den sonn'gen Tagen!
Augen blau', die mich verführen!
Könnt' ich bunte Flügel rühren,
Über Berg und Tal zu tragen!

Ach! es spricht der Frühling schöne
Und die Vögel alle singen:
Sind die Farben denn nicht Töne,
Und die Töne blaue Schwingen?

Vöglein! ja ich lass' das Zagen!
Winde blau die Segel rühren,

Und ich lass' mich gern entführen,
Ach, wohin? mag ich nicht fragen.

AN HEINRICH GRAFEN V. LOEBEN

Die Klugen, die nach uns nicht wollten fragen,
Den heil'gen Kampf gern irdisch möchten
                            schlichten,
Zum Tod' kein Herz, nicht Lieb' sich aufzurichten,
Verzehren sich nun selbt in eitlen Klagen.

Sind alle eure Schiffe denn zerschlagen:
Sieht man die heil'ge Flagge *Dich* aufrichten,
Vom Liebessturm', der jene mußt' vernichten,
Dein junges Schiff siegreich hinweggetragen.

Südwinde spielen blau um Laut' und Locken,
In Morgenrot des Hutes Federn schwanken,
Und Gottes Atem will die Segel schwellen.

Wen noch aus alter Zeit die Glocken locken,
Dem füllt der Segel wie der Töne Schwellen
Die Brust mit jungen, ewigen Gedanken.

Der Lenz mit Klang und roten Blumenmunden,
Holdsel'ge Pracht! wird bleich in Wald und Aue;
Tonlos schweift' ich damals durch's heitre Blaue,
Hatt' nicht das Glüh'n im Tiefsten noch empfunden.

Da sprach Waldhorn von übersel'gen Stunden,
Und wie ich mutig in die Klänge schaue,
Reit't aus dem Wald die wunderschöne Fraue,
O! Niederknie'n, erst's Aufblüh'n ew'ger Wunden!

Zu weilen, fortzuziehn, schien Sie zu zagen,
Verträumt blühten in's Grün der Augen Scheine,
Der Wald schien schnell zu wachsen mit Gefunkel.

Aus meiner Brust quoll ein unendlich Fragen,
Da blitzten noch einmal die Edelsteine,
Und um den Zauber schlug das grüne Dunkel.

Nun ziehen Nebel, falbe Blätter fallen,
Öd' alle Stellen, die uns oft entzücket,
Zum letztenmal tief Rührung uns beglücket,
Wie aus der Flucht so scheidend Lieder schallen.

Wohl manchem blüht aus solchem Tod Gefallen,
Daß er, nun eng an's blüh'nde Herz gedrücket,
Von rotem Munde holdre Sträuße pflücket,
Als Lenz je beut mit Wäldern, Wiesen allen.

Mir sagte niemals ihrer Augen Bläue:
Ruh auch aus! Willst du ewig sinnen?
Und einsam seh' ich so den Sommer fahren.

So will ich tief des Lenzes Blüt' bewahren,
Und mit Erinnern zaubrisch mich umspinnen,
Bis ich nach langem Traum aufwach' im Maie.

AN DIE ODER

Du blauer Strom, an dessen grünem Strande
Ich Licht und Lenz zum erstenmale schaute,
In frommer Sehnsucht still mein Schifflein baute,
Wie manch' Schiff unten kam und zog und schwand.

Von blauen Bergen über'm glänz'gen Lande
Bracht'st du mir Gruß und fröhl'ge sel'ge Laute,
Daß ich den blauen Winden mich vertraute,
Vom Ufer lösend hoffnungsreich die Bande.

Noch wußt' ich nicht, wohin und was ich meine,
Doch Morgenrot sah ich unsterblich quellen,
Wie liebt' ich Freiheit, Liebe, Kraft und Tugend.

Als ob das schöne Leben mich nur meine,
Fühlt' ich zu ferner Braut die Segel schwellen,
All' Wimpel rauschten da in ew'ger Jugend!

Da hoben bunt und bunter
Sich Zelte in die Luft,
Und Fähnlein wehten munter
Herunter von der Kluft.

Und um die leichten Tische,
An jenem Bächlein klar,
Saß in der kühlen Frische
Der lust'gen Reiter Schar.

Eilt' durch die rüstgen Zecher
Die Marketenderin,
Reicht' flüchtig ihre Becher,
Nimmt flücht'ge Küsse hin.

Da war ein Toben, Lachen,
Weit in den Wald hinein,
Die Trommel ging, es brachen
Die lust'gen Pfeifen drein.

Durch die verworr'nen Klänge
Stürmt' fort manch' wilde Brust,
Da schallten noch Gesänge
Von Freiheit und von Lust.

Fort ist das bunte Toben,
Verklungen Sang und Klang,
Und stille ist's hier oben
Viel hundert Jahre lang.

Du Wald, so dunkelschaurig,
Waldhorn, Du Jägerlust!
Wie lustig und wie traurig
Rührst Du mir an die Brust!

DER DICHTER

Nichts auf Erden nenn' ich mein,
Als die Lieder meiner Laute,
Doch nenn' den, der freud'ger schaute
In die schöne Welt hinein!
Alles Lebens tiefste Schöne
Tun geheimnisvoll ja Töne
Nur dem frommen Sänger kund,
Und *die* Freude sagt kein Mund,
Die Gott wunderbar gelegt
In des Dichters Herzensgrund.
Wenn die Welt, so wild bewegt,
Ängstlich schaut nach ihren Rettern:
Über aller Nebel Wogen
Wölbt Er kühn den Friedensbogen,
Und, wie nach verzog'nen Wettern,
Rauscht die Erde wieder mild;
Alle Knospen Blüten treiben;
Und der Frühling ist sein Haus,
Und *der* Frühling geht nie aus. –
O du lieblich Frauenbild!
Willst Du bei dem Sänger bleiben? –
Blumen bind't ein streng Geschick:
Wenn die tausend Stimmen singen,

Alle Schmerzen, alles Glück
Ewig lautlos zu verschweigen.
Doch bei kühlem Mondenblick
Regt ihr stiller Geist die Schwingen,
Möcht' dem duft'gen Kelch entsteigen.
Sieh', schon ist die Sonn' gesunken
Aus der dunkelblauen Schwüle,
Und zerspringt in tausend Funken
An den Felsen rings und Bäumen,
Bis sie alle selig träumen.
Mit den Sternen in der Kühle
Blüh'n da Wünsche, steigen Lieder
Aus des Herzens Himmelsgrund,
Und ich fühle alles wieder:
Alte Freuden, junges Wagen! –
Ach! so viel möcht' ich Dir sagen,
Sagen recht aus Herzensgrund,
In dem Rauschen, in dem Wehen
Möcht' ich fröhlich mit Dir gehen,
Plaudern in der lauen Nacht,
Bis der Morgenstern erwacht! –

KLAGE

1809

O könnt' ich mich niederlegen
Weit in den tiefsten Wald,
Zu Häupten den guten Degen,
Der noch von den Vätern alt,

Und dürft' von allem nichts spüren
In dieser dummen Zeit,
Was sie da unten hantieren,
Von Gott verlassen, zerstreut;

Von fürstlichen Taten und Werken,
Von alter Ehre und Pracht,
Und was die Seele mag stärken,
Verträumend die lange Nacht.

Denn eine Zeit wird kommen,
Da macht der Herr ein End',
Da wird den Falschen genommen
Ihr unechtes Regiment.

Denn wie die Erze vom Hammer,
So wird das lockre Geschlecht
Gehau'n sein von Not und Jammer
Zu festem Eisen recht.

Da wird Aurora tagen
Hoch über den Wald hinauf,
Da gibt's was zu singen und schlagen,
Da wacht, ihr Getreuen, auf.

DIE WELT RUHT STILL IM HAFEN

Die Welt ruht still im Hafen,
Mein Liebchen, gute Nacht!

Wann Wald und Berge schlafen,
Treu' Liebe einsam wacht.

Ich bin so wach und lustig,
Die Seele ist so licht,
Und eh' ich liebt', da wußt' ich
Von solcher Freude nicht.

Ich fühl' mich so befreit
Von eitlem Trieb und Streit,
Nichts mehr das Herz zerstreuet
In seiner Fröhlichkeit.

Mir ist, als müßt' ich singen
So recht aus tiefster Lust
Von wunderbaren Dingen,
Was niemand sonst bewußt.

O könnt' ich alles sagen!
O wär' ich recht geschickt!
So muß ich still ertragen,
Was mich so hoch beglückt.

DER KRANKE

Soll ich Dich denn nun verlassen,
Erde, heit'res Vaterhaus?
Herzlich Lieben, mutig Hassen,
Ist denn alles, alles aus?

Vor dem Fenster durch die Linden
Spielt es wie ein linder Gruß,
Lüfte, wollt ihr mir verkünden,
Daß ich bald hinunter muß? –

Liebe, ferne, blaue Hügel,
Stiller Fluß im Tales-Grün,
Ach, wie oft wünscht' ich mir Flügel,
Über euch hinweg zu zieh'n!

Da sich jetzt die Flügel dehnen
Schaur' ich in mich selbst zurück,
Und ein unbeschreiblich Sehnen
Zieht mich zu der Welt zurück.

GEBET

Gott, inbrünstig möcht' ich beten,
Doch der Erde Bilder treten
Immer zwischen dich und mich,
Und die Seele muß mit Grauen
Wie in einen Abgrund schauen,
Strenger Gott, ich fürchte dich!

Ach, so brich auch meine Ketten!
Alle Menschen zu erretten,
Gingst du ja in bittern Tod.
Irrend an der Hölle Toren,
Ach, wie bald bin ich verloren,
Hilfst du nicht in meiner Not!

Der Tanz, der ist zerstoben,
Die Musik ist verhallt,
Wir stehen einsam droben,
Es wird so still und kalt.

Sind alle fortgezogen,
Der Morgen scheint so rot,
Ich steh am Fensterbogen
Und wünscht', ich wäre tot.

Mein Herz möcht mir zerspringen,
Darum so wein' ich nicht,
Darum so muß ich singen,
Bis daß der Tag anbricht.

Bis es beginnt zu tagen –
Der Strom geht still und breit.
Die Nachtigallen schlagen,
Mein Herz wird mir so weit.

Sie hat so weiße Rosen,
Sie ist so still und bleich,
Sie kann wohl fröhlich kosen,
So jung und schmerzenreich. –

Und laß sie gehn und treiben
Und wieder nüchtern sein,
Ich will wohl bei Dir bleiben,
Ich will Dein Liebster sein!

LIED

In einem kühlen Grunde,
Da geht ein Mühlenrad,
Mein' Liebste ist verschwunden,
Die dort gewohnet hat.

Sie hat mir Treu versprochen,
Gab mir ein'n Ring dabei,
Sie hat die Treu gebrochen,
Mein Ringlein sprang entzwei.

Ich möcht' als Spielmann reisen
Weit in die Welt hinaus,
Und singen meine Weisen
Und gehn von Haus zu Haus.

Ich möcht' als Reiter fliegen
Wohl in die blut'ge Schlacht,
Um stille Feuer liegen
Im Feld bei dunkler Nacht.

Hör' ich das Mühlrad gehen,
Ich weiß nicht, was ich will,
Ich möcht' am liebsten sterben,
Da wär's auf einmal still.

Sinds die Häuser, sinds die Gassen?
Ach, ich weiß nicht, wo ich bin,
Hab' ein Liebchen hier gelassen,
Und manch Jahr ging seitdem hin.

Aus den Fenstern schöne Frauen
Sehn mir freundlich ins Gesicht,
Keine kann so frischlich schauen,
Als mein liebes Liebchen sicht.

An dem Hause pocht' ich bange –
Doch die Fenster stehen leer,
Ausgezogen ist sie lange
Und es kennt mich Keiner mehr.

Und ringsum ein Rufen, Handeln,
Musikanten fiedeln drein,
Herrn und Damen gehn und wandeln
Zwischendurch in bunten Reihn.

Zierlich bücken, freundlich blicken,
Manches flücht'ge Liebeswort,
Händedrücken, heimlich Nicken –
Nimmt sie all der Strom mit fort.

Und mein Liebchen sah ich eben,
Traurig in dem lust'gen Schwarm,
Und ein schöner Herr daneben
Führt sie stolz und ernst am Arm.

Doch verblaßt war Mund und Wange,
Und gebrochen war ihr Blick,
Seltsam schaut' sie, stumm und lange,
Lange noch auf mich zurück.

Und es endet Tag und Scherzen,
Durch die Gassen pfeift der Wind,
Keiner weiß, wie unsre Herzen
Wild von Schmerz zerrissen sind.

ES WAREN ZWEI JUNGE GRAFEN

Es waren zwei junge Grafen
Verliebt bis in den Tod,
Die konnten nicht ruh'n noch schlafen
Bis an den Morgen rot.

O trau' den zwei Gesellen,
Mein Liebchen, nimmermehr,
Die geh'n wie Wind und Wellen,
Gott weiß: wohin, woher. –

Wir grüßen Land und Sterne
Mit wunderbarem Klang,
Und wer uns spürt von Ferne,
Dem wird so wohl und bang.

Wir haben wohl hienieden
Kein Haus an keinem Ort,

Es reisen die Gedanken
Zur Heimat ewig fort.

Wie eines Stromes Dringen
Geht unser Lebenslauf,
Gesanges Macht und Ringen
Tut helle Augen auf.

Und Ufer, Wolkenflügel,
Die Liebe hoch und mild –
Es wird in diesem Spiegel
Die ganze Welt zum Bild.

Dich rührt die frische Helle,
Das Rauschen heimlich kühl,
Das lockt dich zu der Welle,
Weil's draußen leer und schwül.

Doch wolle nie dir halten
Der Bilder Wunder fest,
Tot wird ihr freies Walten,
Hältst du es weltlich fest.

Kein Bett darf er hier finden.
Wohl in den Tälern schön
Siehst du sein Gold sich winden,
Dann plötzlich meerwärts dreh'n.

MAHNUNG

1810

I.

In Wind verfliegen sah ich, was wir klagen,
Erbärmlich Volk um falscher Götzen Thronen,
Wen'ger Gedanken, deutschen Landes Kronen,
Wie Felsen, aus dem Jammer einsam ragen.

Da mocht' ich länger nicht nach Euch mehr fragen,
Der Wald empfing, wie rauschend! den Entfloh'nen,
In Burgen alt, an Stromeskühle wohnen,
Wollt' ich auf Bergen bei den alten Sagen.

Da hört' ich Strom und Wald dort so mich tadeln:
»Was willst, Lebend'ger du, hier über'm Leben,
Einsam verwildernd in den eignen Tönen?

Es soll im Kampf der rechte Schmerz sich adeln,
Den deutschen Ruhm aus der Verwüstung heben,
Das will der alte Gott von seinen Söhnen!«

II.

Wohl mancher, dem die wirblichten Geschichten
Der Zeit das ehrlich deutsche Herz zerschlagen,
Mag, wie Prinz Hamlet, zu sich selber sagen:
Weh! daß zur Welt ich kam, sie einzurichten!

Weich, aufgelegt zu Lust und fröhlichem Dichten,
Möcht' er so gern sich mit der Welt vertragen,
Doch, Rache fordernd, aus den leichten Tagen
Sieht er der Väter Geist sich stets aufrichten.

Ruhlos und tödlich ist die falsche Gabe;
Des Großen Wink im tiefsten Marke spüren,
Gedanken rastlos – ohne Kraft zum Werke.

Entschließ Dich wie Du kannst nun, doch das merke:
Wer in der Not nichts mag, als Lauten rühren,
Des Hand dereinst wächst mahnend aus dem Grabe.

DER TIROLER NACHTWACHE

In stiller Bucht, bei finst'rer Nacht,
Schläft tief die Welt im Grunde,
Die Berge rings steh'n auf der Wacht,
Der Himmel macht die Runde,
Geht um und um
Ums Land herum
Mit seinen goldnen Scharen
Die Frommen zu bewahren.

Kommt nur heran mit Eurer List,
Mit Leitern, Strick und Banden!
Der Herr doch noch viel stärker ist,
Macht Euren Witz zu Schanden.
Wie war't Ihr klug! –
Nun schwindelt Trug

Hinab vom Felsenrande –
Wie seid Ihr dumm! o Schande!

Gleichwie die Stämme in dem Wald,
Woll'n wir zusammenhalten,
Ein' feste Burg, Trutz der Gewalt,
Verbleiben treu die alten.
Steig', Sonne, schön!
Wirf von den Höh'n
Nacht und die mit ihr kamen,
Hinab in Gottes Namen!

FRISCHE FAHRT

Laue Luft kommt blau geflossen,
Frühling, Frühling soll es sein!
Waldwärts Hörnerklang geschossen,
Mut'ger Augen lichter Schein;
Und das Wirren bunt und bunter
Wird ein magisch wilder Fluß,
In die schöne Welt hinunter
Lockt dich dieses Stromes Gruß.

Und ich mag mich nicht bewahren!
Weit von Euch treibt mich der Wind,
Auf dem Strome will ich fahren,
Von dem Glanze selig blind!
Tausend Stimmen lockend schlagen,
Hoch Aurora flammend weht,

Fahre zu! ich mag nicht fragen,
Wo die Fahrt zu Ende geht!

LEBEN UND SINGEN

Wohl vor lauter Sinnen, Singen
Kommen wir nicht recht zum Leben;
Wieder ohne rechtes Leben
Muß zu Ende geh'n das Singen;
Ging zu Ende dann das Singen:
Mögen wir auch nicht länger leben.

AN DEN HASENGARTEN

O schöner Grund, o Höhen,
O schöner, grüner Wald,
Du meiner Lust und Wehen
Andächt'ger Aufenthalt!
Da draußen, stets betrogen,
Saust die geschäft'ge Welt,
O schlag' die kühlen Wogen
Um mich, du grünes Zelt!

Wenn es beginnt zu tagen,
Die Erde dampft und blinkt,
Die Vögel lustig schlagen,
Daß dir das Herze klingt:
Da mag vergehn, verwehen
Das trübe Erdenleid,

Da sollst du auferstehen
In junger Herrlichkeit.

Da steht im Wald geschrieben,
Ein stilles, ernstes Wort
Von treuem Tun und Lieben
Und was des Menschen Hort:
Ich habe fromm gelesen
Die Worte schlicht und wahr,
Und durch mein ganzes Wesen
Ward's unaussprechlich klar.

Bald werd' ich Dich verlassen,
Fremd in der Fremde gehn,
Auf buntbewegten Gassen
Des Lebens Schauspiel sehn,
Und mitten in dem Leben
Wird Deines Ernsts Gewalt
Mich Einsamen erheben,
So wird mein Herz nicht alt.

Dir gibt nicht Ruhm, noch Namen,
Was ich hier dacht' und litt;
Die Lieder, wie sie kamen,
Schwimmen im Strome mit.
So rausche unverderblich
Und stark viel' hundert Jahr!
Der Ort bleibt doch unsterblich,
Wo Einer glücklich war.

Wer hat dich du schöner Wald
Aufgebaut so hoch da droben?
Wohl den Meister will ich loben,
So lang noch mein' Stimm' erschallt.
Lebe wohl,
Lebe wohl, du schöner Wald!

Tief die Welt verworren schallt,
Oben einsam Rehe grasen,
Und wir ziehen fort und blasen,
Daß es tausendfach verhallt:
Lebe wohl,
Lebe wohl, du schöner Wald!

Banner, der so kühle wallt!
Unter Deinen grünen Wogen
Hast du treu uns auferzogen.
Frommer Sagen Aufenthalt!
Lebe wohl,
Lebe wohl, du schöner Wald!

Was wir still gelobt im Wald,
Wollen's draußen ehrlich halten,
Ewig bleiben treu die Alten:
Deutsch Panier, das rauschend wallt,
Lebe wohl!
Schirm' dich Gott, du schöner Wald!

INTERMEZZO

Wie so leichte läßt sich's leben!
Blond und rot und etwas feist,
Tue wie die andern eben,
Daß Dich jeder Bruder heißt,
Speise, was die Zeiten geben,
Bis die Zeit auch Dich verspeist!

WEHMUT

Ich kann wohl manchmal singen,
Als ob ich fröhlich sei,
Doch heimlich Tränen dringen,
Da wird das Herz mir frei.

So lassen Nachtigallen,
Spielt draußen Frühlingsluft,
Der Sehnsucht Lied erschallen
Aus ihres Käfigts Gruft.

Da lauschen alle Herzen,
Und alles ist erfreut,
Doch keiner fühlt die Schmerzen,
Im Lied das tiefe Leid.

Nachts durch die stille Runde
Rauschte des Rheines Lauf,
Ein Schifflein zog im Grunde,
Ein Ritter stand darauf.

Die Blicke irrend schweifen
Von seines Schiffes Rand.
Ein blutigroter Streifen
Sich um das Haupt ihm wand.

Der sprach: »Da oben stehet
Ein Schlößlein überm Rhein,
Die an dem Fenster stehet:
Das war die Liebste mein.

Sie hat mir Treu versprochen,
Bis ich gekommen sei,
Sie hat die Treu gebrochen
Und alles ist vorbei.«

Viel' Hochzeitleute drehen
Da oben laut und bunt,
Sie bleibet einsam stehen
Und schauet in den Grund.

Und wie sie tanzten munter,
Und Schiff und Schiffer schwand,
Stieg sie vom Schloß hinunter,
Bis sie im Garten stand.

Die Spielleut' musizierten,
Sie sann gar mancherlei,
Die Töne sie so rührten,
Als müßt' das Herz entzwei.

Da trat ihr Bräut'gam süße
Zu ihr aus stiller Nacht,
So freundlich er sie grüßte,
Daß ihr das Herze lacht.

Er sprach: »Was willst du weinen,
Weil alle fröhlich sein!
Die Sterne schöne scheinen,
So lustig geht der Rhein.

Das Kränzlein in den Haaren
Steht dir so wunderfein,
Wir wollen etwas fahren
Hinunter auf dem Rhein.«

Zum Kahn folgt sie behende,
Setzt sich ganz vorne hin,
Er setzt' sich an das Ende
Und ließ das Schifflein ziehn.

Sie sprach: »Die Töne kommen
Verworren durch den Wind,
Die Fenster sind verglommen,
Wir fahren so geschwind.

Was sind das für so lange
Gebirge weit und breit?
Mir wird auf einmal bange
In dieser Einsamkeit.

Und fremde Leute stehen
Auf mancher Felsenwand,
Und stehen still und sehen
So steinern über'n Rand.«

Der Bräut'gam schien so traurig
Und sprach kein einzig Wort,
Schaut' in die Wellen schaurig
Und rudert' immerfort.

Sie sprach: »Schon seh ich Streifen
So rot im Morgen stehn,
Und Stimmen hör' ich schweifen,
Vom Ufer Hähne krähn.

Du siehst so still und wilde,
So bleich wird dein Gesicht,
Mir graut vor deinem Bilde –
Du bist mein Bräut'gam nicht.«

Da stund er auf – das Sausen
Hielt still in Flut und Wald,
Es rührt mit Lust und Grausen
Das Herz ihr die Gestalt.

Und wie mit steinern'n Armen
Hob er sie auf voll Lust,
Drückt ihren schönen, warmen
Leib an die eis'ge Brust. –

Licht wurden Wald und Höhen,
Der Morgen schien blutrot,
Das Schifflein sah man gehen,
Die schöne Braut drin tot.

DER VERLIEBTE REISENDE

I.

Da fahr' ich still im Wagen,
Du bist so weit von mir,
Wohin er mich mag tragen,
Ich bleibe doch bei dir.

Da fliegen Wälder, Klüfte
Und schöne Täler tief,
Und Lerchen hoch in Lüften,
Als ob dein' Stimme rief'.

Die Sonne lustig scheinet
Weit über das Revier,
Ich bin so froh verweinet
Und singe still in mir.

Vom Berge geht's hinunter,
Das Posthorn schallt im Grund,
Mein' Seel' wird mir so munter,
Grüß' dich aus Herzensgrund!

II.

Ich geh' durch die dunkeln Gassen
Und wandre von Haus zu Haus,
Ich kann mich noch immer nicht fassen,
Sieht alles so trübe aus.

Da gehen viel Männer und Frauen,
Die alle so lustig sehn,
Die fahren und lachen und bauen,
Daß mir die Sinne vergehn.

Oft wenn ich bläuliche Streifen
Seh' über die Dächer fliehn,
Sonnenschein draußen schweifen,
Wolken am Himmel ziehn:

Da treten mitten im Scherze
Die Tränen ins Auge mir,
Denn die mich lieben von Herzen
Sind alle so weit von hier.

III.

Lied, mit Tränen halb geschrieben,
Dorthin über Berg und Kluft,

62

Wo die Liebste mein geblieben,
Schwing' dich durch die blaue Luft!

Ist sie rot und lustig, sage:
Ich sei krank von Herzensgrund;
Weint sie nachts, sinnt still bei Tage,
Ja dann sag: ich sei gesund!

Ist vorbei ihr treues Lieben,
Nun, so end' auch Lust und Not,
Und zu allen, die mich lieben,
Fliege, sage: ich sei tot!

IV.

Ach Liebchen, dich ließ ich zurücke,
Mein liebes, herziges Kind,
Da lauern viel Menschen voll Tücke,
Die sind dir so feindlich gesinnt.

Die möchten so gerne zerstören
Auf Erden das schöne Fest,
Ach könnte das Lieben aufhören,
So mögen sie nehmen den Rest.

Und alle die grünen Orte,
Wo wir gegangen im Wald,
Die sind nun wohl anders geworden,
Da ist's nun so still und kalt.

Da sind nun am kalten Himmel
Viel tausend Sterne gestellt,
Es scheint ihr goldnes Gewimmel
Weit übers beschneite Feld.

Mein' Seele ist so beklommen,
Die Gassen sind leer und tot,
Da hab' ich die Laute genommen
Und singe in meiner Not.

Ach wär' ich im stillen Hafen!
Kalte Winde am Fenster gehn,
Schlaf ruhig, mein Liebchen, schlafe,
Treu' Liebe wird ewig bestehn!

V.

Grün war die Weide,
Der Himmel blau,
Wir saßen beide
Auf glänziger Au.

Sind's Nachtigallen
Wieder, was ruft,
Lerchen, die schallen
Aus warmer Luft?

Ich hör' die Lieder,
Fern, ohne dich,
Lenz ists wohl wieder
Doch nicht für mich.

VI.

Wolken, wälderwärts gegangen,
Wolken, fliegend über's Haus,
Könnt' ich an euch fest mich hangen,
Mit euch fliegen weit hinaus!

Taglang durch die Wälder schweif' ich,
Voll Gedanken sitz' ich still,
In die Saiten flüchtig greif' ich,
Wieder dann auf einmal still.

Schöne, rührende Geschichten
Fallen ein mir, wo ich steh,
Lustig muß ich schreiben, dichten,
Ist mir selber gleich so weh.

Manches Lied, das ich geschrieben
Wohl vor manchem langen Jahr,
Da die Welt vom treuen Lieben
Schön mir überglänzet war.

Find' ich's wieder jetzt voll Bangen:
Werd' ich wunderbar gerührt,
Denn so lang ist das vergangen,
Was mich zu dem Lied verführt.

Diese Wolken ziehen weiter,
Alle Vögel sind erweckt,
Und die Gegend glänzet heiter,
Weit und fröhlich aufgedeckt.

Regen flüchtig abwärts gehen,
Scheint die Sonne zwischendrein,
Und dein Haus, dein Garten stehen
Über'm Wald im stillen Schein.

Doch du harrst nicht mehr mit Schmerzen,
Wo so lang' dein Liebster sei –
Und mich tötet noch im Herzen
Dieser Schmerzen Zauberei.

VII.

Mit meinem Saitenspiele,
Das schön geklungen hat,
Komm' ich durch Länder viele
Zurück in diese Stadt.

Ich ziehe durch die Gassen,
So finster ist die Nacht,
Und alles so verlassen,
Hatt's anders mir gedacht.

Am Brunnen steh ich lange,
Der rauscht fort, wie vorher,
Kommt mancher wohl gegangen,
Es kennt mich keiner mehr.

Da hört' ich geigen, pfeifen,
Die Fenster glänzten weit,
Dazwischen drehn und schleifen
Viel' fremde, fröhliche Leut'.

Und Herz und Sinne mir brannten,
Mich trieb's in die weite Welt,
Es spielten die Musikanten,
Da fiel ich hin im Feld.

TROST

Sag' an, du helles Bächlein du,
Von Felsen eingeschlossen,
Du rauschst so munter immerzu,
Wo kommst du hergeflossen?

»Dort oben steht des Vaters Haus
Still in den klaren Lüften,
Da ruh'n die alten Helden aus
In den kristall'nen Klüften.

Ich sah den Morgen freudig stehn
Hoch auf der Felsenschwelle,
Die Adler ziehn und Ströme gehn,
Und sprang hinaus in's Helle.«

Sag' an, du königlicher Strom,
Was geht mein Herz mir auf,
Seh' ich dich ziehn durch Waldes Dom?
Wohin führt dich dein Lauf?

»Es treibt und rauscht der Eisenquell
Noch fort mir durch die Glieder;

Die Felsenlust, so kühl und hell,
Lockt zu mir alle Brüder.«

BEGEGNUNG

Ich wandert' in der Frühlingszeit,
Fern auf den Bergen gingen
Mit Geigenspiel und Singen
Viel' lust'ge Hochzeitsleut',
Das war ein Jauchzen und Klingen!
Es blühte rings in Tal und Höh'n,
Ich konnt' vor Lust nicht weitergeh'n.

Am Dorfe dann auf grüner Au
Begannen sie den Reigen
Und durch den Schall der Geigen
Lacht' laut die junge Frau,
Ihr Stimmlein klang so eigen,
Ich wußte nicht, wie mir gescheh'n –
Da wandt' sie sich in wildem Dreh'n.

Es war mein Lieb! 's ist lange her,
Sie blickt' so ohne Scheue,
Verloren ist die Treue,
Sie kannte mich nicht mehr –
Da jauchzt' und geigt's auf's neue,
Ich aber wandt' mich fort in's Feld,
Nun wandr' ich bis an's End' der Welt!

Ich reise übers grüne Land,
Der Winter ist vergangen,
Hab' um den Hals ein gülden Band,
Daran die Laute hangen.

Der Morgen tut ein' goldnen Schein,
Den recht mein Herze spüret,
Da greif' ich in die Saiten ein,
Der liebe Gott mich führet.

So silbern geht der Ströme Lauf,
Fernüber schallt Geläute,
Die Seele ruft in sich: Glück auf,
Es grüßen frohe Leute.

Vom Schlosse in die weite Welt
Schaut eine Jungfrau munter,
Der Liebste sie im Arme hält,
Die sehn nach mir hinunter.

Sie ist so schön! Hinaus, im Wald
Gehn Wasser auf und unter,
Im grünen Wald sing', daß es schallt,
Mein Herz, sei wieder munter!

Die Sonne uns im Dunklen läßt,
Im Meere sich zu spülen,
Da ruh' ich aus vom schönen Fest,
Still in der roten Kühle.

Hoch führet durch die stille Nacht
Der Mond die goldnen Schafe,
Den Kreis der Erden Gott bewacht,
Wo ich tief unten schlafe. –

Wie liegt all’ falsche Pracht so weit!
Schlaf wohl auf stiller Erde,
Gott schütz’ dein Herz in Ewigkeit,
Daß es nicht traurig werde!

WALDESGESPRÄCH

Es ist schon spät, es ist schon kalt,
Was reit'st du einsam durch den Wald?
Der Wald ist groß, du bist allein,
Du schöne Braut, ich führ' dich heim!

»Groß ist der Männer Trug und List,
Vor Schmerz mein Herz gebrochen ist,
Wohl irrt das Waldhorn her und hin,
O flieh, Du weißt nicht wer ich bin!«

So reich geschmückt ist Roß und Weib,
So wunderschön der junge Leib,
Jetzt kenn' ich dich – Gott steh mir bei!
Du bist die Hexe Lorelay.

»Du kennst mich wohl – vom hohen Stein
Schaut still mein Schloß in tiefen Rhein;
Es ist schon spät, es wird schon kalt,
Kommst nimmermehr aus diesem Wald!«

SONETT

Wir sind so tief betrübt, wenn wir auch scherzen;
Die Menschen tosen unten, gehn und reisen,

Die Welt zieht still und streng in ihren Gleisen,
Ein feuchter Wind verlöscht die lustgen Kerzen.

Du hast so schöne Worte tief im Herzen,
Du weißt so wunderbare, alte Weisen,
Und wie die Stern' am Firmamente kreisen,
Ziehn durch die Brust dir ewig Lust und Schmerzen.

So laß Dein' Stimme hell' im Wald erscheinen,
Das Waldhorn fromm wird auf und nieder wehen,
Die Wasser gehn und Rehe einsam weiden.

Wir wollen stille sitzen und nicht weinen,
Wir wollen in den Rhein hinunter sehen,
Und wird es finster, nicht von sammen scheiden.

AN DIE DICHTER

Wo treues Wollen, redlich Streben
Und rechten Sinn der Rechte spürt,
Das muß die Seele ihm erheben,
Das hat mich jedesmal gerührt.

Das Reich des Glaubens ist geendet,
Zerstört die alte Herrlichkeit,
Die Schönheit weinend abgewendet,
So götterlos ist unsre Zeit.

O Einfalt gut in frommen Herzen,
Du züchtge, schöne Gottesbraut!

Dich schlugen sie mit frechen Scherzen,
Weil Dir vor ihrer Klugheit graut.

Wo findst Du nun ein Haus, vertrieben,
Wo man Dir Deine Wunder läßt,
Das treue Tun, das schöne Lieben,
Des Lebens still unschuldig Fest?

Wo findst Du Deinen alten Garten,
Dein Spielzeug, wunderbares Kind,
Der Sterne heilge Redensarten,
Das Morgenrot, den blauen Wind?

Wie hat die Sonne schön geschienen,
Nun ist so müd' und alt die Zeit,
Wie stehst so jung Du unter ihnen,
Wie wird mein Herz mir stark und weit!

Der Dichter kann nicht mit verarmen,
Wenn alles um ihn her zerfällt,
Hebt ihn ein göttliches Erbarmen,
Der Dichter ist das Herz der Welt.

Den dunklen Willen aller Wesen,
Im Irdischen die heilge Spur,
Soll er durch Liebeskraft erlösen,
Der schöne Liebling der Natur.

Drum hat ihm Gott das Wort gegeben,
Das schnell das Dunkelste benennt,

Den frommen Ernst im schönen Leben,
Die Freudigkeit, die keiner kennt.

Da soll er singen frei auf Erden,
In Lust und Not auf Gott vertraun,
Daß alle Herzen lustig werden
Und innerlichst sich still erbaun.

Der Ehre sei er recht zum Horte,
Der Sünde leucht' er ins Gesicht,
Viel Wunderkraft ist in dem Worte,
Das hell aus reinem Herzen bricht.

Vor Eitelkeit soll er vor allen
Streng hüten sein unschuldges Herz,
In eitlem Witz sich nicht gefallen,
Das Höchste duldet keinen Scherz.

O laßt unedle Mühe fahren,
O spielt in Wortgeklinge nicht,
Nicht mit der Gnad', die ihr erfahren,
Zur Sünde wird sonst das Gedicht.

Den lieben Gott laß in dir walten,
Aus frischer Brust nur treulich sing',
Was wahr an dir, wird sich gestalten,
Das andre ist erbärmlich Ding. –

Den Morgen seh ich fröhlich scheinen,
Die Oder ziehn im grünen Grund,

Mir ist so wohl – die's redlich meinen
Die grüß ich all' aus Herzensgrund!

SONETTE

I.

Es qualmt' der eitle Markt in Staub und Schwüle,
So klanglos öde wallend auf und nieder,
Wie dacht' ich da an meine Berge wieder,
An frischen Sang, Felsquell und Waldeskühle!

Doch steht ein Turm dort über dem Gewühle,
Der andre Zeiten sah und bess're Brüder,
Das Kreuz treu halten seine Riesenglieder,
Wie auch der Menschlein Flut den Fels umspüle.

Das war mein Hafen auf der weiten Wüste,
Oft kniet' ich betend in des Domes Mitte,
Dort hab' ich Dich, mein liebes Kind, gefunden;

Ein Himmelsbote wohl, der so mich grüßte:
»Verzweif'le nicht! die Schönheit und die Sitte
Sie sind noch von der Erde nicht verschwunden.«

II.

Ein alt Gemach voll sinn'ger Seltsamkeiten,
Still' Blumen aufgestellt am Fensterbogen,

Gebirg' und Länder draußen blau gezogen,
Wo Ströme geh'n und Ritter ferne reiten.

Ein Mädchen, schlicht und fromm wie jene Zeiten,
Das, von den Abendscheinen angeflogen,
Versenkt in solcher Stille tiefen Wogen –
Das mocht' auf Bildern oft das Herz mir weiten.

Und nun wollt' wirklich sich das Bild bewegen,
Das Mädchen atmet' auf, reicht aus dem Schweigen
Die Hand mir, daß sie ewig meine bliebe.

Da sah ich darußen auch das Land sich regen,
Die Wälder rauschen und Aurora steigen –
Die alten Zeiten all' weckt' mir die Liebe.

(III.) ANGEDENKEN

Wenn Zwei geschieden sind von Herz und Munde,
Da zieh'n Gedanken über Berg' und Schlüfte
Wie Tauben säuselnd durch die blauen Lüfte,
Und tragen hin und wider süße Kunde.

Ich schweif' umsonst, so weit der Erde Runde,
Und stieg' ich hoch auch über alle Klüfte:
Dein Haus ist höher noch als diese Lüfte,
Da reicht kein Laut hin, noch zurück zum Grunde.

Ja, seit Du tot – mit seinen blüh'nden Borden
Wich ringsumher das Leben mir zurücke,
Ein weites Meer, wo keine Bahn zu finden.

Doch ist Dein Bild zum Sterne mir geworden,
Der nach der Heimat weist mit stillem Blicke,
Daß fromm der Schiffer streite mit den Winden.

MORGEN

Fliegt der erste Morgenstrahl
Durch das stille Nebeltal,
Rauscht erwachend Wald und Hügel:
Wer da fliegen kann, nimmt Flügel!

Und sein Hütlein in die Luft
Wirft der Mensch vor Lust und ruft:
Hat Gesang doch auch noch Schwingen,
Nun so will ich fröhlich singen!

AUF EINER BURG

Eingeschlafen auf der Lauer
Oben ist der alte Ritter;
Drüber gehen Regenschauer,
Und der Wald rauscht durch das Gitter.

Eingewachsen Bart und Haare,
Und versteinert Brust und Krause,

Sitzt er viele hundert Jahre
Oben in der stillen Klause.

Draußen ist es still und friedlich,
Alle sind in's Tal gezogen,
Waldesvögel einsam singen
In den leeren Fensterbogen.

Eine Hochzeit fährt da unten
Auf dem Rhein im Sonnenscheine,
Musikanten spielen munter,
Und die schöne Braut die weinet.

ZWIELICHT

Dämmrung will die Flügel spreiten,
Schaurig rühren sich die Bäume,
Wolken zieh'n wie schwere Träume –
Was will dieses Grau'n bedeuten?

Hast ein Reh du, lieb vor andern,
Laß es nicht alleine grasen,
Jäger zieh'n im Wald' und blasen,
Stimmen hin und wieder wandern.

Hast du einen Freund hienieden,
Trau ihm nicht zu dieser Stunde,
Freundlich wohl mit Aug' und Munde,
Sinnt er Krieg im tück'schen Frieden.

Was heut müde gehet unter,
Hebt sich morgen neugeboren.
Manches bleibt in Nacht verloren –
Hüte dich, bleib' wach und munter!

DAS FLÜGELROSS

Ich hab' nicht viel hienieden,
Ich hab' nicht Geld noch Gut,
Was vielen nicht beschieden,
Ist mein – der frische Mut!

Was andre mag ergötzen,
Das kümmert wenig mich,
Sie leben in den Schätzen,
In Freuden lebe ich.

Ich hab' ein Roß mit Flügeln,
Getreu in Lust und Not,
Das wiehernd spannt die Flügel
Bei jedem Morgenrot.

Mein Liebchen, wie so öde
Wird's oft in Stadt und Schloß,
Frisch auf, und sei nicht blöde,
Besteig' mit mir mein Roß!

Wir segeln durch die Räume,
Ich zeig' dir Meer und Land,

Wie wunderbare Träume
Tief unten ausgespannt,

Hellblinkend zu den Füßen
Unzähl'ger Ströme Lauf;
Es steigt ein Frühlingsgrüßen
Verhallend zu uns auf.

Und bunt und immer wilder
In Liebe, Haß und Lust
Verwirren sich die Bilder –
Was schwindelt dir die Brust?

So fröhlich still im Herzen,
Zieh' all' ich himmelwärts,
Es kommen selbst die Schmerzen
Melodisch an das Herz.

Der Sänger zwingt mit Klängen,
Was störrig, dumpf und wild,
Es spiegelt in Gesängen
Die Welt sich göttlichmild.

Und unten nun verbrauset
Des breiten Lebens Strom,
Der Adler einsam hauset
Im stillen Himmelsdom.

Und sehn wir dann den Abend
Verhallen und verblühn,

Im Meere kühlelabend
Die heil'gen Sterne glühn:

So lenken wir hernieder
Zu Waldes grünem Haus,
Und ruhn vom Schwung der Lieder
Auf blüh'ndem Moose aus.

O sterndurchwebtes Düstern,
O heimlichstiller Grund,
O süßes Liebesflüstern,
So innig Mund an Mund!

Die Nachtigallen locken,
Mein Liebchen atmet lind',
Mit Schleier zart und Locken
Spielt buhlerisch der Wind.

Und schlaf' denn bis zum Morgen,
So sanft gelehnt an mich!
Süß sind der Liebe Sorgen,
Dein Liebster wacht für dich.

Ich halt' die blüh'nden Glieder,
Vor süßen Schauern bang',
Ich laß dich ja nicht wieder
Mein ganzes Leben lang.

Aurora will sich heben,
Du schlägst die Augen auf, –

O wonniges Erbeben,
O schöner Lebenslauf!

DIE DEUTSCHE JUNGFRAU

Es stand ein Fräulein auf dem Schloß,
Erschlagen war im Streit ihr Roß,
Schnob wie ein See die finstre Nacht,
Wollt' überschrei'n die wilde Schlacht.

Im Tal die Brüder lagen tot,
Es brannt' die Burg so blutigrot,
In Lohen stand sie auf der Wand,
Hielt hoch die Fahne in der Hand.

Da kam ein röm'scher Rittersmann,
Der ritt keck an die Burg hinan,
Es blitzt sein Helm gar mannigfach,
Der schöne Ritter also sprach:

»Jungfrau komm in die Arme mein!
Sollst Deines Siegers Herrin sein.
Will bau'n Dir einen Pallast schön,
In prächt'gen Kleidern sollst Du geh'n.

Es tun Dein' Augen mir Gewalt,
Kann nicht mehr fort aus diesem Wald,
Aus wilder Flammen Spiel und Graus
Trag' ich mir meine Braut nach Haus!«

Der Ritter ließ sein weißes Roß,
Stieg durch den Brand hinauf ins Schloß,
Viel' Knecht' ihm waren da zur Hand,
Zu holen das Fräulein von der Wand.

Das Fräulein stieß die Knecht' hinab,
Den Liebsten auch ins heiße Grab,
Sie selbst dann in die Flammen sprang,
Über ihnen die Burg zusammen sank.

STECKBRIEF

Grüß' euch aus Herzensgrund:
Zwei Augen hell und rein,
Zwei Röslein auf dem Mund,
Kleid blank aus Sonnenschein!

Nachtigall klagt und weint,
Wollüstig rauscht der Hain,
Alles die Liebste meint:
Wo weilt sie so allein?

Weil's draußen finster war,
Sah ich viel hellern Schein,
Jetzt ist es licht und klar,
Ich muß im Dunkeln sein.

Sonne nicht steigen mag,
Sieht so verschlafen drein,

Wünschet den ganzen Tag,
Daß wieder Nacht möcht' sein.

Liebe geht durch die Luft,
Holt fern die Liebste ein;
Fort über Berg und Kluft!
Und Sie wird doch noch mein!

HINAUS, O MENSCH

Hinaus, o Mensch, weit in die Welt,
  Bangt dir das Herz in krankem Mut;
Nichts ist so trüb in Nacht gestellt,
  Der Morgen licht macht's wieder gut.

JÄGER-KATECHISMUS

Was wollt ihr in dem Walde haben,
Mag sich die arme Menschenbrust
Am Waldesgruße nicht erlaben,
Am Morgenrot und grüner Lust?

Was tragt ihr Hörner an der Seite,
Wenn ihr des Hornes Sinn vergaßt,
Wenn's euch nicht selbst lockt in die Weite,
Wie ihr vom Berg' frühmorgens blast?

Ihr werd't doch nicht die Lust erjagen,
Ihr mög't durch alle Wälder geh'n;

Nur müde Füß' und leere Magen –
Mir möcht' die Jägerei vergeh'n!

O nehmet doch die Schneiderelle,
Guckt in der Küche in den Topf!
Sonntags dann auf des Hauses Schwelle,
Krau' euch die Ehfrau auf dem Kopf!

Die Tierlein selber: Hirsch und Rehen,
Was lustig haust im grünen Haus,
Sie flieh'n auf ihre freien Höhen,
Und lachen arme Wichte aus.

Doch, kommt ein Jäger, wohlgeboren,
Das Horn irrt, er blitzt rosenrot,
Da ist das Hirschlein wohl verloren,
Stellt selber sich zum lust'gen Tod.

Vor allen aber die Verliebten,
Die lad' ich ein zur Jägerlust,
Nur nicht die weinerlich Betrübten;
Die recht von frisch' und starker Brust.

Mein Schatz ist Königin im Walde,
Ich stoß' in's Horn, in's Jägerhorn!
Sie hört mich fern und naht wohl balde,
Und was ich blas', ist nicht verlor'n! –

Es weiß und rät es doch Keiner,
Wie mir so wohl ist, so wohl!
Ach, wüßt' es nur Einer, nur Einer,
Kein Mensch es sonst wissen soll!

So still ist's nicht draußen im Schnee,
So stumm und verschwiegen sind
Die Sterne nicht in der Höhe,
Als meine Gedanken sind.

Ich wünscht', es wäre schon Morgen,
Da fliegen zwei Lerchen auf,
Die überfliegen einander,
Mein Herze folgt ihrem Lauf.

Ich wünscht', ich wäre ein Vöglein
Und zöge über das Meer,
Wohl über das Meer und weiter,
Bis daß ich im Himmel wär'!

MORGENLIED

Ein Stern still nach dem andern fällt
Tief in des Himmels Kluft,
Schon zucken Strahlen durch die Welt,
Ich wittre Morgenluft.

In Qualmen steigt und sinkt das Tal;
Verödet noch vom Fest
Liegt still der weite Freudensaal,
Und tot noch alle Gäst'.

Da hebt die Sonne aus dem Meer
Eratmend ihren Lauf:
Zur Erde geht, was feucht und schwer,
Was klar, zu ihr hinauf.

Hebt grüner Wälder Trieb und Macht
Neurauschend in die Luft,
Zieht hinten Städte, eitel Pracht,
Blau' Berge durch den Duft.

Spannt aus die grünen Tepp'che weich,
Von Strömen hell durchrankt,
Und schallend glänzt das frische Reich,
So weit das Auge langt.

Der Mensch nun aus der tiefen Welt
Der Träume tritt heraus,
Freut sich, daß alles noch so hält,
Daß noch das Spiel nicht aus.

Und nun geht's an ein Fleißigsein!
Umsumsend Berg und Tal,
Agieret lustig Groß und Klein
Den Plunder allzumal.

Die Sonne steiget einsam auf,
Ernst über Lust und Weh
Lenkt sie den ungestörten Lauf,
Zu stiller Glorie. –

Und *wie* er dehnt die Flügel aus,
Und *wie* er auch sich stellt:
Der Mensch kann nimmermehr hinaus
Aus dieser Narrenwelt.

DER VERIRRTE JÄGER

»Ich hab' geseh'n ein Hirschlein schlank
Im Waldesgrunde steh'n,
Nun ist mir draußen weh' und bang,
Muß ewig nach *ihm* geh'n.

Frischauf, ihr Waldgesellen mein!
Ins Horn, ins Horn frisch auf!
Das lockt so hell, das lockt so fein,
Aurora tut sich auf!«

Das Hirschlein führt den Jägersmann
In grüner Waldesnacht,
Talunter schwindelnd und bergan,
Zu niegeseh'ner Pracht.

»Wie rauscht schon abendlich der Wald,
Die Brust mir schaurig schwellt!

Die Freunde fern, der Wind so kalt,
So tief und weit die Welt!«

Es lockt so tief, es lockt so fein
Durch's dunkelgrüne Haus,
Der Jäger irrt und irrt allein,
Find't nimmermehr heraus. –

NACHHALL

Laß', mein Herz, das bange Trauern
Um vergang'nes Erdenglück,
Ach, von diesen Felsenmauern
Schweifet nur umsonst der Blick!

Sind denn alle fortgegangen:
Jugend, Sang und Frühlingslust?
Lassen, scheidend, nur Verlangen
Einsam mir in meiner Brust?

Vöglein hoch in Lüften reisen,
Schiffe fahren auf der See,
Ihre Segel, ihre Weisen
Mehren nur des Herzens Weh.

Ist vorbei das bunte Ziehen,
Lustig über Berg und Kluft,
Wenn die Bilder wechselnd fliehen,
Waldhorn immer weiter ruft?

Soll die Lieb' auf sonn'gen Matten
Nicht mehr bau'n ihr prächtig Zelt,
Übergolden Wald und Schatten
Und die weite, schöne Welt? –

Laß' das Bangen, laß das Trauern,
Helle wieder nur den Blick!
Fern von dieser Felsen Mauern,
Blüht Dir noch gar manches Glück!

IN DER FREMDE

Ich hör' die Bächlein rauschen
Im Walde her und hin,
Im Walde in dem Rauschen
Ich weiß nicht, wo ich bin.

Die Nachtigallen schlagen
Hier in der Einsamkeit,
Als wollten sie was sagen
Von der alten, schönen Zeit.

Die Mondesschimmer fliegen,
Als seh' ich unter mir
Das Schloß im Tale liegen,
Und ist doch so weit von hier!

Als müßte in dem Garten
Voll Rosen weiß und rot,

Meine Liebste auf mich warten,
und ist doch lange tot.

AN DIE FREUNDE

Der Jugend Glanz, der Sehnsucht irre Weisen,
Die tausend Ströme durch das duft'ge Land,
Es zieht uns all' zu seinen Zauberkreisen. –
Wem Gottesdienst in tiefster Brust entbrannt,
Der sieht mit Wehmut ein unendlich Reisen
Zu ferner Heimat, die er fromm erkannt;
Und was sich *spielend* wob als ird'sche Blume,
Wölbt still den Kelch zum *ernsten* Heiligtume.

So schauet denn das buntbewegte Leben
Ringsum von meines Gartens heitrer Zinn',
Daß hoch die Bilder, die noch dämmernd schweben –
Wo Morgenglanz geblendet meinen Sinn –
An Eurem Blick erwachsen und sich heben.
Verwüstend rauscht die Zeit darüber hin;
In Euren treuen Herzen neu geboren
Sind sie im wilden Strome unverloren.

ZEICHEN

So Wunderbares hat sich zugetragen:
Was aus uralten Sagen
Mit tief verworrener Gewalt oft sang,
Von Liebe, Freiheit, was das Herz erlabe,

Mit heller Waffen Klang
Es richtet sich geharnischt auf vom Grabe,
Und an den alten Heerschild hat's geschlagen,
Daß Schauer jede Brust durchdrang.

AN W.

Zum Abschiede. Im Jahre 1813

Steig' aufwärts, Morgenstunde!
Zerreiß' die Nacht, daß ich in meinem Wehe
Den Himmel wiedersehe,
Wo ew'ger Friede in dem blauen Grunde!
Will Licht die Welt erneuen;
Mag auch der Schmerz in Tränen sich erfreuen.

Mein lieber Herzensbruder!
Still war der Morgen. – *Ein* Schiff trug uns beide,
Wie war die Welt voll Freude!
Du faßtest ernst und fromm das schwanke Ruder,
Uns beide treulich lenkend,
Auf froher Fahrt nur Einen Stern bedenkend.

Mich irrte manches Schöne,
Viel reizte mich und viel mußt' ich vermissen.
Von Lust und Schmerz zerrissen,
Was so mein Herz hinausgeströmt in Töne:
Es waren Widerspiele
Von Deines Busens ewigem Gefühle.

Da ward die Welt so trübe
Und Wetter stiegen auf die Bergesspitzen,
Der Himmel borst in Blitzen,
Daß neugestärkt sich Deutschland draus erhübe. –
Nun ist das Schiff zerschlagen,
Wie soll ich ohne *Dich* die Flut ertragen! –

Aus *Einem* Fels geboren,
Verteilen kühle rauschend sich zwei Quellen,
Die eigne Bahn zu schwellen.
Doch wie sie fern einander auch verloren:
Es treffen echte Brüder
Im ew'gen Meere doch zusammen wieder.

So wolle Gott Du flehen,
Daß Er mit meinem Blut und Leben schalte,
Die Seele nur erhalte,
Auf daß wir freudig einst uns wiedersehen,
Wenn nimmermehr hienieden:
So dort, wo Heimat, Licht und ew'ger Frieden.

APPELL

Ich hört' viel' Dichter klagen
Von alter Ehre rein,
Doch wen'ge mochten's wagen
Und selber schlagen drein.

Mein Herz wollt' mir zerspringen,
Sucht' mir ein ander Ziel,

Denn anders sein und singen,
Das ist ein dummes Spiel.

So stieg ich mit Auroren
Still in's Gebirg hinan,
Ich war wie neugeboren,
So kühle weht's mich an.

Und als ich, Bahn mir schaffend,
Zum Gipfel trat hinauf,
Da blitzten schon von Waffen
Ringsum die Länder auf.

Die Hörner hört' ich laden,
Die Luft war streng und klar –
Ihr neuen Kameraden,
Wie singt ihr wunderbar!

Frisch auf, wir wollen uns schlagen,
So Gott will, über'n Rhein
Und weiter im fröhlichen Jagen
Bis nach Paris hinein!

AN DIE FREUNDE

Es löste Gott das lang verhaltne Brausen
Der Ströme rings – und unser ist der Rhein!
Auf freien Bergen darf der Deutsche hausen
Und seine Wälder nennt er wieder sein.
So brach gewaltig und mit kühnem Grausen

Ein mächt'ger Frühling in die Welt herein,
Und alle sah man ringen, fechten, streben –
O Heldenlust, in solchem Lenz zu leben!

Nun ist der Friede wieder wohl gekommen,
Gesühnt ist manche Sünde vor'ger Zeit. –
Doch wird der Kampf nicht von der Welt genommen,
So lang der Mensch sich ernst'rem Streben weiht.
Es hat der Krieg den Funken kühn entglommen,
Das Schlechte stürzt er um im blut'gen Streit:
Das *Beßre* über'm Schutte aufzuführen,
Muß sich nun Geister-Kampf lebendig rühren.

Nennt mir die Palme Eures hohen Strebens!
Wollüst'ge Rast ist nicht des Lebens wert.
Nach Ruh sehnt sich die Menschenbrust vergebens,
Erkämpft will sein, was hoher Sinn begehrt.
Ein Krieger bleibt der größ're Mann zeitlebens,
Er kämpf' mit Rede, Büchern oder Schwert,
Und rechter Friede wird nur dort geschlossen,
Wo jedem Streiter seine Palmen sprossen.

Wüst ras't der Krieg, Land, Herzen, Städte brennen,
Der Tag, er kommt und scheidet blutigrot;
Doch spannt der Friede ab die tapfern Sennen,
Dann hüte dich, mein Volk, vor größ'rer Not!
Denn tiefres Wehe weiß ich noch zu nennen:
Erschlaffter Hochmut ist der Völker Tod.
Umsonst geflossen ist das Blut im Kriege,
Sind wir unwürdig selbst der hohen Siege.

So laßt uns unser Deutschland denn umstellen
Bewachend brüderlich in treuer Hut,
Mit Lehren, Rat und Sang die Herzen schwellen,
Daß es bewahre rein die heil'ge Glut,
Den Ernst, den es erkämpft in Bluteswellen,
Der Ehre Hort, Eintracht und festen Mut.
Friede dem Herd' und ew'ger Krieg dem Bösen!
So mag uns Gott von aller Schmach erlösen.

AN DIE LÜTZOWSCHEN JÄGER

Wunderliche Spießgesellen
Denkt ihr noch an mich,
Wie wir an der Elbe Wellen
Lagen brüderlich.

Wie wir in des Spreewalds Hallen,
Schauer in der Brust,
Hell die Hörner ließen schallen
So zu Schreck wie Lust?

Mancher mußte da hinunter
Unter den Rasen grün,
Und der Krieg und Frühling munter
Gingen über ihn.

Wo wir ruhen, wo wir wohnen:
Jener Waldeshort
Rauscht mit seinen grünen Kronen
Durch mein Leben fort.

»Ach, daß auch wir schliefen!
Die blühenden Tiefen,
Die Ströme, die Auen
So heimlich aufschauen,
Als ob sie all' riefen:
Dein Liebchen ist tot!
Unter Rosen rot
Ach, daß wir auch schliefen!«

»Hast doch keine Schwingen,
Durch Wolken zu dringen!
Mußt immerfort schauen
Die Ströme, die Auen –
Die werden Dir singen
Von Ihr Tag und Nacht,
Mit Wahnsinnes-Macht
Die Seele umschlingen.«

So singt, wie Sirenen,
Von hellblauen, schönen
Vergangenen Zeiten
Der Abend von weitem,
Versinkt dann in Tönen,
Erst Busen dann Mund,
Im blühenden Grund.
O schweige Sirene!

O wecke nicht wieder!
Denn zaub'rische Lieder

Gebunden hier träumen
Auf Feldern und Bäumen,
Und ziehen mich nieder
So müde vor Weh
Zu tief stillem See –
O weck' nicht die Lieder!

Du kanntest die Wellen
Des Sees, sie schwellen
In magischen Ringen.
Ein wehmütig Singen
Tief unter den Quellen
Im Schlummer dort hält
Verzaubert die Welt.
Wohl kennst Du die Wellen! –

Kühl wird's auf den Gängen,
Von alten Gesängen
Möcht's Herz mir zerspringen.
So will ich denn singen!
Schmerz fliegt ja auf Klängen
Zu himmlischer Lust,
Und still wird die Brust
Auf kühlgrünen Gängen.

Laß fahren die Träume!
Der Mond scheint durch Bäume,
Die Wälder nur rauschen,
Die Täler still lauschen,
Wie einsam die Räume!
Ach, Niemand ist mein!

Herz, wie so allein!
Laß fahren die Träume!

Der Herr wird Dich führen.
Tief kann ich ja spüren
Der Sterne still Walten.
Der Erde Gestalten
Kaum hörbar sich rühren;
Durch Nacht und durch Graus
Gen Morgen nach Haus –
Ja, Gott wird mich führen.

LIEDCHEN

Euch Wolken beneid' ich
In blauer Luft,
Wie schwingt ihr euch freudig
Über Berg und Kluft!

Mein Liebchen wohl seht ihr
Im Garten gehn,
Am Springbrunnen steht sie
So morgenschön.

Und wäscht an der Quelle
Ihr goldnes Haar,
Die Äugelein helle,
Und blickt so klar.

Und Busen und Wangen
Dürft ihr besehn,
Ich brenn' vor Verlangen,
Und muß hier stehn!

*

Euch Wolken bedaur' ich
Bei stiller Nacht;
Die Erde bebt schaurig,
Der Mond erwacht:

Da führt mich ein Bübchen
Mit Flügeln fein,
Durchs Dunkel zum Liebchen,
Sie läßt mich ein.

Wohl schaut ihr die Sterne,
Weit, ohne Zahl,
Doch bleiben sie ferne
Euch allzumal.

Mir leuchten zwei Sterne
In's Herz hinab,
Die bleiben mir gerne
Nah' bis in's Grab.

Euch grüßt mit Gefunkel
Der Wasserfall,
Und tief aus dem Dunkel
Die Nachtigall.

Doch süßer es tönet
Als Wellentanz,
Wenn Liebchen hold stöhnet:
»Dein bin ich ganz!«

So segelt denn traurig
In öder Pracht!
Euch, Wolken, bedaur' ich
Bei süßer Nacht.

MÄDCHEN

Gar oft schon fühlt' ich's tief, des Mädchens Seele
Wird nicht sich selbst, dem Liebsten nur geboren.
Da irrt sie nun verstoßen und verloren,
Schickt heimlich Blicke schön als Boten aus,
Daß sie auf Erden suchen ihr ein Haus.
Sie schlummert in der Schwüle, leicht bedeckt,
Lächelt im Schlafe, atmet warm und leise,
Doch die Gedanken sind fern auf der Reise,
Und auf den Wangen flattert träum'risch Feuer,
Hebt buhlend oft der Wind den zarten Schleier.
Der Mann, der da zum erstenmal sie weckt,
Zuerst hinunterlangt in diese Stille,
Dem fällt sie um den Hals vor Freude bang
Und läßt ihn nicht mehr all' ihr Lebelang.

Bin ich fern Ihr: schau' ich nieder
Träumend in die Täler hier,
Ach, ersinn' ich tausend Lieder,
Singt mein ganzes Herz von Ihr.
Doch was hilft die Gunst der Musen,
Daß die Welt mich Dichter nennt?
Keiner frägt, wie mir im Busen
Sorge tief und Sehnsucht brennt.

Ja, darf ich bei Liebchen weilen:
Fühl' ich froh der Stunden Schwall
Wohl melodischer enteilen
Als der schönste Silbenfall,
Will ich singen, Lippen neigen
Sich auf mich, und leiden's nicht,
Und wie gerne mag ich schweigen,
Wird mein Leben zum Gedicht!

GLÜCKLICHE FAHRT

Wünsch' an Wünsche feindlich schlagen
Und die feige Klugheit gilt.
Nur nach Schätzen siehst Du jagen,
Und die Gier wird nie gestillt.
Selig, wer es fromm mag wagen,
Durch das Treiben dumpf und wild
In der festen Brust zu tragen
Heil'ger Schönheit hohes Bild!

Sieh, da brechen tausend Quellen
Durch die felsenharte Welt,
Und zum Strome wird ihr Schwellen,
Der melodisch steigt und fällt.
Ringsum sich die Fernen hellen,
Gottes Hauch die Segel schwellt –
Rettend spülen Dich die Wellen
In des Herzens stille Welt.

LIEDCHEN

Wie jauchzt meine Seele
Und singet in sich!
Kaum daß ich's verhehle,
So glücklich bin ich.

Rings Menschen sich drehen
Und reden gescheut,
Ich kann nichts verstehen,
So fröhlich zerstreut. –

Zu eng wird das Zimmer,
Wie glänzet das Feld,
Die Täler voll Schimmer,
Weit, herrlich die Welt!

Gepreßt bricht die Freude
Durch Riegel und Schloß,
Fort über die Heide!
Ach, hätt' ich ein Roß! –

Und frag' ich und sinn' ich,
Wie *so* mir geschehn? –
Mein Liebchen herzinnig,
Das soll ich heut' sehn.

ABEND

Gestürzt sind die gold'nen Brücken
Und unten und oben so still!
Es will mir nichts mehr glücken,
Ich weiß nicht mehr, was ich will.

Von üppig blühenden Schmerzen
Rauscht eine Wildnis im Grund,
Da spielt wie in wahnsinnigen Scherzen
Das Herz an dem schwindlichten Schlund. –

Die Felsen möchte ich packen
Vor Zorn und Wehe und Lust
Und unter den brechenden Zacken
Begraben die wilde Brust.

Da kommt der Frühling gegangen,
Wie ein Spielmann aus alter Zeit,
Und singt von uraltem Verlangen
So treu durch die Einsamkeit.

Und über mir Lerchenlieder
Und unter mir Blumen bunt,

So werf' ich im Grase mich nieder
Und weine aus Herzensgrund.

Da fühl' ich ein tiefes Entzücken,
Nun weiß ich wohl, was ich will,
Es bauen sich andere Brücken
Das Herz wird auf einmal still.

Der Abend streut rosige Flocken,
Verhüllet die Erde nun ganz,
Und durch des Schlummernden Locken
Zieh'n Sterne den heiligen Kranz.

DIE LERCHE

Ich kann hier nicht singen,
Aus dieser Mauern dunklen Ringen
Muß ich mich schwingen
Vor Lust und tiefem tiefem Weh.
O Freude, in klarer Höh
Zu sinken und sich zu heben
In Gesang
Über die grüne Erde dahin zu schweben,
Wie unten die licht' und dunklen Streifen
Wechselnd im Fluge vorüberschweifen,
Aus der Tiefe ein Wirren und Rauschen und Hämmern
Die Erde aufschimmernd im Frühlingsdämmern,
Wie ist die Welt so voller Klang!
Herz, was bist du bang?
Mußt aufwärts dringen!
Die Sonne tritt hervor,
Wie glänzen mir Brust und Schwingen,
Wie still und weit ist's droben am Himmelstor.

FRÜHLINGSFAHRT

Es zogen zwei rüst'ge Gesellen
Zum ersten Mal von Haus
So jubelnd recht in die hellen

Klingenden, singenden Wellen
Des vollen Frühlings hinaus.

Die strebten nach hohen Dingen,
Die wollten trotz Lust und Schmerz,
Was Recht's in der Welt vollbringen,
Und wem sie vorübergingen
Dem lachten Sinnen und Herz. –

Der Erste, der fand ein Liebchen,
Die Schwieger kauft' Hof und Haus;
Der wiegte gar bald ein Bübchen,
Und sah aus heimlichen Stübchen
Behaglich in's Feld hinaus.

Dem zweiten sangen und logen
Die tausend Stimmen im Grund,
Verlockend' Sirenen, und zogen
Ihn in der buhlenden Wogen
Farbig klingenden Schlund.

Und wie er auftaucht vom Schlunde
Da war er müde und alt,
Sein Schifflein das lag im Grunde,
So still war's rings in die Runde
Und über die Wasser weht's kalt.

Es singen und klingen die Wellen
Des Frühlings wohl über mir;
Und seh ich so kecke Gesellen,

Die Tränen im Auge mir schwellen –
Ach Gott, führ' uns liebreich zu Dir!

DER STILLE FREIER

Mond, der Hirt, lenkt seine Herde
Einsam über'n Wald herauf,
Unten auf der stillen Erde
Wacht verschwieg'ne Liebe auf.

Fern vom Schlosse Glocken schlagen
Über'n Wald her von der Höh
Bringt der Wind den Schall getragen,
Und erschrocken lauscht das Reh.

Nächtlich um dieselbe Stunde
Hallet Hufschlag, schnaubt ein Roß,
Macht ein Ritter seine Runde
Schweigend um der Liebsten Schloß.

Wenn die Morgensterne blinken,
Totenbleich der Hirte wird,
Und sie müssen all' versinken:
Reiter, Herde und der Hirt.

DER FROHE WANDERSMANN

Wem Gott will rechte Gunst erweisen,
Den schickt er in die weite Welt,

Dem will er seine Wunder weisen
In Berg und Wald und Strom und Feld.

Die Trägen, die zu Hause liegen,
Erquicket nicht das Morgenrot,
Sie wissen nur vom Kinderwiegen
Von Sorgen, Last und Not um Brot.

Die Bächlein von den Bergen springen,
Die Lerchen schwirren hoch vor Lust,
Was sollt' ich nicht mit ihnen singen
Aus voller Kehl' und frischer Brust?

Den lieben Gott laß ich nur walten;
Der Bächlein, Lerchen, Wald und Feld
Und Erd' und Himmel will erhalten,
Hat auch mein' Sach' auf's Best' bestellt!

LIEBE IN DER FREMDE

I.

Jeder nennet froh die Seine,
Ich nur stehe hier alleine,
Denn was früge wohl die Eine:
Wen der Fremdling eben meine?
Und so muß ich, wie im Strome dort die Welle,
Ungehört verrauschen an des Frühlings Schwelle.

Wie kühl schweift sich's bei nächt'ger Stunde,
Die Zitter treulich in der Hand!
Vom Hügel grüß ich in die Runde
Den Himmel und das stille Land.

Wie ist da alles so verwandelt,
Wo ich so fröhlich war, im Tal.
Im Wald wie still! der Mond nur wandelt
Nun durch den hohen Buchensaal.

Der Winzer Jauchzen ist verklungen
Und all der bunte Lebenslauf,
Die Ströme nur, im Tal geschlungen,
Sie blicken manchmal silbern auf.

Und Nachtigallen wie aus Träumen
Erwachen oft mit süßem Schall,
Erinnernd rührt sich in den Bäumen,
Ein heimlich Flüstern überall. –

Die Freude kann nicht gleich verklingen,
Und von des Tages Glanz und Lust
Ist so auch mir ein heimlich Singen
Geblieben in der tiefsten Brust.

Und fröhlich greif ich in die Saiten,
O Mädchen jenseits über'm Fluß,
Du lauschest wohl und hörst's von weiten
Und kennst den Sänger an dem Gruß!

Über die beglänzten Gipfel
Fernher kommt es wie ein Grüßen,
Flüsternd neigen sich die Wipfel
Als ob sie sich wollten küssen.

Ist er doch so schön und milde!
Stimmen gehen durch die Nacht,
Singen heimlich von dem Bilde –
Ach, ich bin so froh verwacht!

Plaudert nicht so laut, ihr Quellen!
Wissen darf es nicht der Morgen!
In der Mondnacht linde Wellen,
Senk' ich stille Glück und Sorgen. –

FRAU VENUS

Was weckst du, Frühling, mich von neuem
wieder?
Daß all' die alten Wünsche auferstehen,
Geht über's Land ein wunderbares Wehen;
Das schauert mir so lieblich durch die Glieder.

Die schöne Mutter grüßen tausend Lieder,
Die, wieder jung, im Brautkranz süß zu sehen;
Der Wald will sprechen, rauschend Ströme gehen,
Najaden tauchen singend auf und nieder.

Die Rose seh' ich geh'n aus grüner Klause
Und, wie so buhlerisch die Lüfte fächeln,
Errötend in die laue Flut sich dehnen.

So mich auch ruft ihr aus dem stillen Hause –
Und schmerzlich nun muß ich im Frühling lächeln,
Versinkend zwischen Duft und Klang vor Sehnen.

DER IRRE SPIELMANN

Aus stiller Kindheit unschuldiger Hut
Trieb mich der tolle, frevelnde Mut.
Seit ich da draußen so frei nun bin
Find' ich nicht wieder nach Hause hin.

Durch's Leben jag' ich manch trüg'risch Bild,
Wer ist der Jäger da? wer ist das Wild?
Es pfeift der Wind mir schneidend durchs Haar,
Ach Welt, wie bist Du so kalt und klar!

Du frommes Kindlein im stillen Haus,
Schau' nicht so lüstern zum Fenster hinaus!
Frag mich nicht, Kindlein, woher und wohin?
Weiß ich doch selber nicht wo ich bin!

Von Sünde und Reue zerrissen die Brust,
Wie rasend in verzweifelter Lust,
Brech ich im Fluge mir Blumen zum Strauß,
Wird doch kein fröhlicher Kranz nicht daraus! –

Ich möcht' in den tiefsten Wald wohl hinein,
Recht aus der Brust den Jammer zu schrei'n,
Ich möchte reiten an's Ende der Welt,
Wo der Mond und die Sonne hinunter fällt.

Wo schwindelnd beginnt die Ewigkeit,
Wie ein Meer, so erschrecklich still und weit,
Da sinken all' Ström' und Segel hinein,
Da wird es wohl endlich auch ruhig sein.

DER ISEGRIMM

Aktenstöße nachts verschlingen,
Schwatzen nach der Welt Gebrauch
Und das große Tret-Rad schwingen
Wie ein Ochs, das kann ich auch.

Aber glauben, daß der Plunder
Eben nicht der Plunder wär',
Sondern ein hochwichtig Wunder,
Das gelang mir nimmermehr.

Aber andre überwitzen,
Daß ich mit dem Federkiel
Könnt' den morschen Weltbau stützen,
Schien mir immer Narrenspiel.

Und so, weil ich in dem Drehen
Dasteh' oft wie ein Pasquill,

Läßt die Welt mich eben stehen –
Mag sie's halten, wie sie will!

DURCH!

Laß dich die Welt nicht fangen,
Brich durch, mein freudig Herz,
Ein ernsteres Verlangen
Erheb' dich himmelwärts!

Greif in die goldnen Saiten,
Da spürst du, daß du frei,
Es hellen sich die Zeiten,
Aurora scheinet neu.

Es mag, will Alles brechen,
Die gotterfüllte Brust
Mit Tönen wohl besprechen
Der Menschen Streit und Lust.

Und eine Welt von Bildern
Baut sich da auf so still,
Wenn draußen dumpf verwildern
Die alte Schönheit will.

ANDEUTUNGEN (AHNUNG UND GEGENWART)

1. Freiheit

Frei, ihr Kanaillen, sag' ich, sollt ihr sein,
Doch nicht, wie *ihr* es wollt, ihr Dumme, Blinde,
Versunken in des Aberglaubens Schein,
Nein, so wie *ich's* heut' eben dienlich finde.

2. Gleichheit

Wie? Niedrig wir, ihr hoch; wir arm, ihr reich?
Planierend schwirrt die Schere dieser Zeit;
Seid niedrig, arm, wie wir, so sind wir gleich
Und die Misere wird doch etwas breit.

3. Weltgeschichte

Inmitten steht die Sonn' und wandelt nicht,
Ringsum sehnsüchtig kreisen die Planeten,
Die deckt heut Nacht, *die* will der Morgen röten,
Doch ewig heiter strahlt das ew'ge Licht.

4. Tagesgeschichte

Es rast der Sturm in der Historie Blättern,
Und jeder schnappt sich schnell draus sein
                                    Fragment.
Doch deutle nur! Der Herr in Zorneswettern
Geht über dich hinweg und führt's zu End.

Du wunderst wunderlich dich über Wunder,
Verschwendest Witzespfeile, blank geschliffen.
Was du begreifst, mein Freund, ist doch nur Plunder,
Und in Begriffen nicht mit einbegriffen
Ist noch ein unermeßliches Revier,
Du selber drin das größte Wundertier.

INTERMEZZO

Der Bürgermeister

Hochweiser Rat, geehrte Kollegen!
Bevor wir uns heut auf's Raten legen
Bitt' ich erst reiflich zu erwägen:
Ob wir vielleicht, um Zeit zu gewinnen,
Heut sogleich mit dem Raten beginnen,
Oder ob wir erst proponieren müssen,
Was uns versammelt und was wir alle wissen? –
Ich muß pflichtmäßig voranschicken hierbei,
Daß die Art der Geschäfte zweierlei sei:
Die einen sind die eiligen,
Die andern die langweiligen.
Auf jene pfleg' ich *Cito* zu schreiben,
Die andern können liegen bleiben.
Die Liegenden aber, geehrte Brüder,
Zerfallen in wicht'ge und in höchstwicht'ge
                       wieder.
Bei jenen – nun – man wird verwegen,
Man schreibt nach amtlichem Überlegen

More solito hier, und dort *ad acta*,
Die Diener rennen, man flucht, verpackt da,
Der Staat floriert und bleibt im Takt da.
Doch werden die Zeiten so ungeschliffen,
Wild umzuspringen mit den Begriffen,
Kommt gar, wie heute, ein Fall, der eilig
Und doch höchstwichtig zugleich – dann freilich
Muß man von neuem unterscheiden:
Ob er mehr eilig oder mehr wichtig. –
Ich bitte, meine Herrn, verstehn sie mich richtig!
Der Punkt ist von Einfluß. Denn wir vermeiden
Die *species facti*, wie billig, sofort,
Find't sich der Fall mehr eilig als liegend.
Ist aber das Wichtige überwiegend,
Wäre die Eile am unrechten Ort.
Meine Herren, sie haben nun die Prämissen,
Sie werden den Beschluß zu finden wissen.

DER NEUE RATTENFÄNGER

Juchheißa! und ich führ' den Zug
Hopp über Feld und Graben.
Des alten Plunders ist genug,
Wir wollen neuen haben.

Was! wir gering? Ihr vornehm, reich?
Planierend schwirrt die Schere,
Seid Lumps' wie wir, so sind wir gleich,
Hübsch breit wird die Misere!

Das alte Lied das spiel' ich neu,
Da tanzen alle Leute,
Das ist die Vaterländerei,
O Herr, mach' uns gescheute! –

VON ENGELN UND VON BENGELN

Im Frühling auf grünem Hügel
Da saßen viel' Engelein,
Die putzten sich ihre Flügel
Und spielten im Sonnenschein.

Da kamen Störche gezogen,
Und jeder sich eines nahm.
Und ist damit fortgeflogen,
Bis daß er zu Menschen kam.

Und wo er anklopft' bescheiden,
Der kluge Adebar,
Da war das Haus voller Freuden; –
So geht es noch alle Jahr.

Die Engel weinten und lachten;
Und wußten nicht, wie ihn'n gescheh'n. –
Die Einen doch bald sich bedachten
Und meinten: das wird wohl geh'n!

Die machten bald wichtige Mienen
Und wurden erstaunlich klug,

Die Flügel gar unnütz ihn'n schienen,
Sie schämten sich deren genug.

Und mit dem Flügelkleide
Sie ließen den Flügelschnack,
Das war keine kleine Freude:
Nun stattlich in Hosen und Frack!

So wurden sie immer gescheuter
Und applizierten sich recht; –
Das wurden ansehnliche Leute,
Befanden sich gar nicht schlecht.

Den Andren war's, wenn die Aue
Noch dämmert' im Frühlingsschein,
Als zöge ein Engel durch's Blaue
Und rief' die Gesellen sein.

Die suchten den alten Hügel,
Der lag so hoch und weit;
Und dehnten sehnsüchtig die Flügel
Mit jeder Frühlingszeit.

Die Flügeldecken zersprangen,
Weit, morgenschön strahlt' die Welt,
Und über's Grün sie sich schwangen
Bis an das Himmelszelt.

Das fanden sie droben verschlossen,
Versäumten unten die Zeit: –

So irrten die kühnen Genossen
Verlassen in Lust und Leid.

Und als es nun kam zum Sterben,
Gott Vater zur Erden trat,
Seine Kinder wieder zu werben,
Die der Storch vertragen hat.

Die Einen konnten nicht fliegen,
So wohlleibig, träg und schwer,
Die mußt' er da lassen liegen,
Das tat ihm leid so sehr.

Die Andren streckten die Schwingen
In den Morgenglanz hinaus,
Und hörten die Engel singen,
Und flogen jauchzend nach Haus.

HEIMWEH

Wer in die Fremde will wandern,
Der muß mit der Liebsten gehn,
Es jubeln und lassen die Andern
Den Fremden alleine stehn.

Was wisset Ihr, dunkele Wipfeln,
Von der alten schönen Zeit?
Ach, die Heimat hinter den Gipfeln,
Wie liegt sie von hier so weit.

Am liebsten betracht' ich die Sterne,
Die schienen, wenn ich ging zu ihr,
Die Nachtigall hör' ich so gerne,
Sie sang vor der Liebsten Tür.

Der Morgen, das ist meine Freude!
Da steig' ich in stiller Stund'
Auf den höchsten Berg in die Weite,
Grüß Dich Deutschland aus Herzensgrund!

AN DER GRENZE

Die treuen Berg' steh'n auf der Wacht:
»Wer streicht bei stiller Morgenzeit
Da aus der Fremde durch die Heid'?« –
Ich aber mir die Berg' betracht'
Und lach' in mich vor großer Lust,
Und rufe recht aus frischer Brust
Parol und Feldgeschrei sogleich:
Vivat Östreich!

Da kennt mich erst die ganze Rund,
Nun grüßen Bach und Vöglein zart
Und Wälder rings nach Landesart,
Die Donau blitzt aus tiefem Grund,
Der Stephansturm auch ganz von fern
Guckt über'n Berg und säh' mich gern,
Und ist er's nicht, so kommt er doch gleich,
Vivat Östreich!

Nach Süden nun sich lenken
Die Vöglein allzumal,
Viel' Wandrer lustig schwenken
Die Hüt' im Morgenstrahl.
Das sind die Herrn Studenten,
Zum Tor hinaus es geht,
Auf ihren Instrumenten
Sie blasen zum Valet:
Ade in die Läng' und Breite
O Prag, wir ziehn in die Weite:
Et habeat bonam pacem,
Qui sedet post fornacem!

Nachts wir durch's Städtlein schweifen,
Die Fenster schimmern weit,
Am Fenster drehn und schleifen
Viel schön geputzte Leut'.
Wir blasen vor den Türen
Und haben Durst genung,
Das kommt vom Musizieren,
Herr Wirt, einen frischen Trunk!
Und siehe über ein Kleines
Mit einer Kanne Weines
Venit ex sua domo –
Beatus ille homo!

Nun weht schon durch die Wälder
Der kalte Boreas,
Wir streichen durch die Felder,

Von Schnee und Regen naß,
Der Mantel fliegt im Winde,
Zerrissen sind die Schuh,
Da blasen wir geschwinde
Und singen noch dazu:
Beatus ille homo
Qui sedet in sua domo
Et sedet post fornacem
Et habet bonam pacem!

ABEND

Schweigt der Menschen laute Lust:
Rauscht die Erde wie in Träumen
Wunderbar mit allen Bäumen,
Was dem Herzen kaum bewußt,
Alte Zeiten, linde Trauer,
Und es schweifen leise Schauer
Wetterleuchtend durch die Brust.

KIRCHENLIED

O Maria, meine Liebe!
Denk' ich recht im Herzen Dein:
Schwindet alles Schwer' und Trübe,
Und, wie heller Morgenschein,
Dringt's durch Lust und ird'schen Schmerz
Leuchtend mir durch's ganze Herz.

Auf des ew'gen Bundes Bogen,
Ernst von Glorien umblüht,
Stehst Du über Land und Wogen;
Und ein himmlisch Sehnen zieht
Alles Leben himmelwärts
An das große Mutterherz.

Wo Verlass'ne einsam weinen,
Sorgenvoll in stiller Nacht,
Den'n vor allen läßt Du scheinen
Deiner Liebe milde Pracht,
Daß ein tröstend Himmelslicht
In die dunk'len Herzen bricht.

Aber wütet wildverkehrter
Sünder frevelhafte Lust:
Da durchschneiden neue Schwerter
Dir die treue Mutterbrust;
Und voll Schmerzen flehst Du doch:
Herr! Vergib ihn'n, schone noch!

Deinen Jesus in den Armen
Über'n Strom der Zeit gestellt,
Als das himmlische Erbarmen
Hütest Du getreu die Welt,
Daß im Sturm, der trübe weht,
Dir kein Kind verloren geht.

Wenn die Menschen mich verlassen
In der letzten stillen Stund',
Laß mich fest das Kreuz umfassen.

Aus dem dunkeln Erdengrund
Leite liebreich mich hinaus,
Mutter, in des Vaters Haus!

IN DIE HÖH'

Viel Essen macht viel breiter
Und hilft zum Himmel nicht,
Es kracht die Himmelsleiter,
Kommt so ein schwerer Wicht.
Das Trinken ist gescheiter,
Das schmeckt schon nach Idee,
Da braucht man keine Leiter,
Das geht gleich in die Höh'!

Viel Reden ist manierlich:
»Wohlauf?« – »Ein wenig flau!«
»Das Wetter ist spazierlich.«
»Was macht die liebe Frau?«
»Ich danke!« und so weiter
Und breiter als ein See –
Das Singen ist gescheiter,
Das geht gleich in die Höh'!

Die Fisch' und Musikanten,
Die trinken beide frisch,
Die Wein, die andern Wasser,
D'rum hat der dumme Fisch
Statt Flügel Flederwische,
Liegt elend in der See –

Doch wir sind keine Fische,
Das geht gleich in die Höh'!

Ja! Trinken frisch und Singen,
Das bricht durch alles Weh,
Das sind zwei gute Schwingen,
Gemeine Welt, ade!
Du Erd' mit deinem Plunder,
Ihr Fische samt der See –
'S geht Alles, Alles unter:
Wir aber in die Höh'!

DIE HEYMONSKINDER

Auf feur'gem Rosse kommt Bacchus daher,
Den Becher hoch in der Hand,
Sein Rößlein wird wild, sein Kopf ist ihm schwer,
Er verschüttet den Wein auf das Land.

Den Dichter erbarmet der Rebensaft,
In den Bügel er kühn sich stellt
Und trinkt mit dem Gotte Brüderschaft –
Nun geht's erst, als ging's aus der Welt!

Ei sieh da, so einsam Herr Komponist!
Steig' auf mit, 's ist Schad' um die Schuh,
Du löst erst die Schwinge – und wo keine ist,
Da mach' uns die Flügel dazu!

Und was sie ersonnen nun, singen die Drei'.
»O weh!« ruft ein Sänger herauf,
»Ihr schreit ja die köstlichsten Noten entzwei!«
Und schwingt zu den Dreien sich auf.

Nun setzt der Tonkünstler, skandiert der Poet,
Der Sänger gibt himmlischen Schall,
Es lächelt Herr Bacchus: »wahrhaftig das geht,
Und's Trinken verstehen sie all'.«

Und wie sie nun alle beisammen sind,
Hebt's sachte die seligen Leut',
Es wachsen dem Rosse zwei Schwingen
                                        geschwind,
Und überfliegen die Zeit.

MÜRRISCH SITZEN SIE UND MAULEN

Mürrisch sitzen sie und maulen
Auf den Bänken stumm und breit,
Gähnend strecken sich die Faulen,
Und die Kecken suchen Streit.

Da komm' ich durch's Dorf geschritten,
Fernher durch den Abend kühl,
Stell' mich in des Kreises Mitten,
Grüß' und zieh' mein Geigenspiel.

Und wie ich den Bogen schwenke,
Ziehn die Klänge in der Rund'

Allen recht durch die Gelenke
Bis zum tiefsten Herzensgrund.

Und nun geht's ans Gläserklingen,
An ein Walzen um und um,
Je mehr ich streich', je mehr sie springen
Keiner frägt erst lang: warum? –

Jeder will dem Geiger reichen
Nun sein Scherflein auf die Hand –
Da vergeht ihm gleich sein Streichen,
Und fort ist der Musikant.

Und sie seh'n ihn fröhlich steigen
Nach den Waldeshöh'n hinaus,
Hören ihn von fern noch geigen,
Und gehn All' vergnügt nach Haus.

Doch in Waldes grünen Hallen
Rast' ich dann noch manche Stund',
Nur die fernen Nachtigallen
Schlagen tief aus nächt'gem Grund.

Und es rauscht die Nacht so leise
Durch die Waldeseinsamkeit,
Und ich sinn' auf neue Weise,
Die der Menschen Herz erfreut.

Durch Feld und Buchenhallen,
Bald singend, bald fröhlich still,
Recht lustig sei vor Allen,
Wer's Reisen wählen will.

Wenn's kaum in Osten glühte,
Die Welt noch still und weit,
Da weht recht durch's Gemüte
Die schöne Blütenzeit.

Die Lerch' als Morgenbote
Sich in die Lüfte schwingt,
Eine frische Reise-Note
Durch Wald und Herz erklingt.

O Lust, vom Berg zu schauen
Weit über Wald und Strom,
Hoch über sich den blauen
Tiefklaren Himmelsdom!

Vom Berge Vöglein fliegen
Und Wolken so geschwind,
Gedanken überfliegen
Die Vögel und den Wind.

Die Wolken zieh'n hernieder,
Das Vöglein senkt sich gleich,
Gedanken geh'n und Lieder
Fort bis in's Himmelreich.

Seh' ich dich wieder, du geliebter Baum,
In dessen junge Triebe
Ich einst in jenes Frühlings schönstem Traum
Den Namen schnitt von meiner ersten Liebe?

Wie anders ist seitdem der Äste Bug –
Verwachsen und verschwunden
Im härt'ren Stamm der vielgeliebte Zug,
Wie ihre Liebe und die schönen Stunden!

Auch ich seitdem wuchs stille fort, wie du,
Und nichts an mir wollt' weilen;
Doch *meine* Wunde wuchs – und wuchs nicht zu,
Und wird wohl niemals mehr hienieden heilen!

NACHTIGALL

Nach den schönen Frühlingstagen,
Wenn die blauen Lüfte wehen,
Wünsche mit dem Flügel schlagen
Und im Grünen Amor zielt,
Bleibt ein Jauchzen auf den Höhen;
Und ein Wetterleuchten spielt
Aus der Ferne durch die Bäume
Wunderbar die ganze Nacht,
Daß die Nachtigall erwacht
Von den irren Widerscheinen,
Und durch alle sel'ge Gründe

In der Einsamkeit verkünde,
Was sie alle, alle meinen;
Dieses Rauschen in den Bäumen
Und der Mensch in dunkeln Träumen.

WANDERLIED

Vom Grund bis zu den Gipfeln,
So weit man sehen kann,
Jetzt blühts in allen Wipfeln,
Nun geht das Wandern an.

Die Quellen von den Klüften,
Die Ström auf grünem Plan,
Die Lerchen hoch in Lüften,
Der Dichter frisch voran.

Und die im Tal verderben
In trüber Qualme Haft,
Er will sie alle werben
Zu dieser Wanderschaft.

Und von den Bergen nieder
Erschallt sein Lied ins Tal,
Und die zerstreuten Brüder
Faßt Heimweh allzumal.

Da wird die Welt so munter
und nimmt die Reiseschuh,

Sein Liebchen mitten drunter
Die nickt ihm heimlich zu.

Und über Felsenwände
Und auf dem grünen Plan
Das wirrt und jauchzt ohn Ende –
Nun geht das Wandern an!

MALERS MORGENLIED

Aus Wolken, eh im nächtgen Land
Erwacht die Kreaturen,
Langt Gottes Hand,
Zieht durch die stillen Fluren
Gewaltig die Konturen,
Strom, Wald und Felsenwand.

Wach auf, wach auf! die Lerche ruft,
Aurora taucht die Strahlen
Verträumt in Duft,
Beginnt auf Berg und Talen
Ringsher ein himmlisch Malen
In Meer und Land und Luft.

Und durch die Stille lichtgeschmückt
Aus wunderbaren Locken
Ein Engel blickt –
Da rauscht der Wald erschrocken,
Da gehn die Morgenglocken,
Die Gipfel stehn verzückt.

O lichte Augen ernst und mild,
Ich kann nicht von euch lassen!
Bald wieder wild
Stürmts her von Sorg und Hassen –
Durch die verworrnen Gassen
Führ mich, mein göttlich Bild!

DER ALTE HELD

Tafellied zu Goethe's Geburtstag 1831

»Ich habe gewagt und gesungen,
Da die Welt noch stumm lag und bleich,
Ich habe den Bann bezwungen,
Der die schöne Braut hielt umschlungen,
Ich habe erobert das Reich.

Ich habe geforscht und ergründet
Und tat es euch treulich kund:
Was das Leben dunkel verkündet,
Die heilige Schrift, die entzündet
Der Herr in der Seelen Grund.

Wie rauschen nun Wälder und Quellen
Und singen vom ewigen Port:
Schon seh' ich Morgenrot schwellen,
Und ihr dort, ihr jungen Gesellen,
Fahrt immer immerfort!«

Und so, wenn es still geworden,
Schaut er vom Turm bei Nacht
Und segnet den Sänger-Orden,
Der an den blühenden Borden
Das schöne Reich bewacht.

Dort hat er nach Lust und Streiten
Das Panner aufgestellt,
Und die auf dem Strome der Zeiten
Am Felsen vorübergleiten,
Sie grüßen den alten Held.

TOAST

Auf das Wohlsein der Poeten,
Die nicht schillern und nicht göthen,
Durch die Welt in Lust und Nöten
Segelnd frisch auf eig'nen Böten.

ES GEHT WOHL ANDERS, ALS DU MEINST

Es geht wohl anders, als du meinst,
Derweil du rot und fröhlich scheinst
Ist Lenz und Sonnenschein verflogen,
Die liebe Gegend schwarz umzogen;
Und kaum hast du dich ausgeweint,
Lacht Alles wieder, die Sonne scheint –
Es geht wohl anders als man meint.

DER VERZWEIFELTE LIEBHABER

Studieren will nichts bringen,
Mein Rock hält keinen Stich,

Meine Zither will nicht klingen,
Mein Schatz, der mag mich nicht.

Ich wollt', im Grün spazierte
Die allerschönste Frau,
Ich wär' ein Drach' und führte,
Sie mit mir fort durch's Blau.

Ich wollt', ich jagt' gerüstet
Und legt' die Lanze aus,
Und jagte all' Philister
Zur schönen Welt hinaus.

Ich wollt', ich säß' jetzunder
Im Himmel still und weit,
Und früg' nach all' dem Plunder
Nichts vor Zufriedenheit.

NACHTS

Das ist's, was mich ganz verstöret:
Daß die Nacht nicht Ruhe hält,
Wenn zu atmen aufgehöret
Lange schon die müde Welt.

Daß die Glocken, die da schlagen,
Und im Wald der leise Wind
Jede Nacht von neuem klagen
Um mein liebes, süßes Kind.

Daß mein Herz nicht konnte brechen
Bei dem letzten Todeskuß,
Daß ich wie im Wahnsinn sprechen
Nun in irren Liedern muß.

AUF DEN TOD MEINES KINDES

I.

Freuden wollt' ich dir bereiten,
Zwischen Kämpfen, Lust und Schmerz
Wollt' ich treulich dich geleiten
Durch das Leben himmelwärts.

Doch du hast's allein gefunden.
Wo kein Vater führen kann,
Durch die ernste, dunkle Stunde
Gingst du schuldlos mir voran.

Wie das Säuseln leiser Schwingen,
Draußen über Tal und Kluft,
Ging zur selben Stund ein Singen
Ferne durch die stille Luft.

Und so fröhlich glänzt' der Morgen,
'S war als ob das Singen sprach:
Jetzo lasset alle Sorgen,
Liebt ihr mich, so folgt mir nach!

Ich führt' dich oft spazieren
In Winter-Einsamkeit,
Kein Laut ließ sich da spüren,
Du schöne, stille Zeit!

Lenz ist's nun, Lerchen singen
Im Blauen über mir,
Ich weine still – sie bringen
Mir einen Gruß von dir.

3.

Die Welt treibt fort ihr Wesen,
Die Leute kommen und gehn,
Als wärst du nie gewesen,
Als wäre nichts geschehn.

Wie sehn' ich mich auf's neue
Hinaus in Wald und Flur!
Ob ich mich gräm', mich freue,
Du bleibst mir treu, Natur.

Da klagt vor tiefem Sehnen
Schluchzend die Nachtigall,
Es schimmern rings von Tränen
Die Blumen überall.

Und über alle Gipfel
Und Blütentäler zieht

Durch stillen Waldes Wipfel
Ein heimlich Klagelied.

Da spür' ich's recht im Herzen,
Daß du's, Herr, draußen bist –
Du weißt's, wie mir von Schmerzen
Mein Herz zerrissen ist!

4.

Von fern die Uhren schlagen,
Es ist schon tiefe Nacht,
Die Lampe brennt so düster,
Dein Bettlein ist gemacht.

Die Winde nur noch gehen
Wehklagend um das Haus,
Wir sitzen einsam drinne
Und lauschen oft hinaus.

Es ist, als müßtest leise
Du klopfen an die Tür,
Du hätt'st dich nur verirret,
Und kämst nun müd zurück.

Wir armen, armen Toren!
Wir irren ja im Graus
Des Dunkels noch verloren –
Du fandest längst nach Haus.

Dort ist so tiefer Schatten,
Du schläfst in guter Ruh,
Es deckt mit grünen Matten
Der liebe Gott dich zu.

Die alten Weiden neigen
Sich auf dein Bett herein,
Die Vöglein in den Zweigen
Sie singen treu dich ein.

Und wie in goldnen Träumen
Geht linder Frühlingswind
Rings in den stillen Bäumen —
Schlaf wohl, mein süßes Kind!

LIEDCHEN

Sing', Lerche, singe, singe!
Mir ist so weh, so weh! —
Vielleicht daß sich erschwinge
Mein' Seele mit in die Höh'.

Mein Kindlein ist schon in der Höhe
Und wartet droben mein —
Ach, wenn ich sie wiedersehe,
Das wird eine Freude sein!

DAS STÄNDCHEN

Auf die Dächer zwischen blassen
Wolken schaut der Mond herfür,
Ein Student dort auf der Gassen
Singt vor seiner Liebsten Tür.

Und die Brunnen rauschen wieder
Durch die stille Einsamkeit
Und der Wald vom Berge nieder,
Wie in alter schöner Zeit.

So in meinen jungen Tagen
Hab' ich manche Sommernacht
Auch die Laute hier geschlagen
Und manch lust'ges Lied erdacht.

Aber von der stillen Schwelle
Trugen sie mein Lieb' zur Ruh –
Und du, fröhlicher Geselle,
Singe, sing' nur immer zu!

WEGWEISER

»Jetzt mußt du rechts dich schlagen,
Schleich' dort und lausche hier,
Dann schnell drauf los im Jagen, –
So wird noch was aus dir.«

Dank! Doch durch's Weltgetümmel,
Sagt mir, ihr weisen Herrn,
Wo geht der Weg zum Himmel?
Dies *eine* wüßt' ich gern.

DENKST DU DES SCHLOSSES NOCH
AUF STILLER HÖH?

Denkst du des Schlosses noch auf stiller Höh?
Das Horn ruft nächtlich dort, als ob's dich riefe,
Am Abgrund grast das Reh,
Es rauscht der Wald verwirrend aus der Tiefe –
O stille! wecke nicht! es war, als schliefe
Da drunten unnennbares Weh. –

Kennst du den Garten? – Wenn sich Lenz erneut,
Geht dort ein Fräulein auf den kühlen Gängen
Still durch die Einsamkeit
Und weckt den leisen Strom von Zauberklängen,
Als ob die Bäume und die Blumen sängen,
Von der alten schönen Zeit.

Ihr Wipfel und ihr Brunnen, rauscht nur zu!
Wohin du auch in wilder Flucht magst dringen:
Du findest nirgends Ruh!
Erreichen wird dich das geheime Singen,
In dieses Sees wunderbaren Ringen
Gehn wir doch unter, ich und du! –

HEIMWEH

An meinen Bruder

Du weißt's, dort in den Bäumen
Schlummert ein Zauberbann,
Und nachts oft, wie in Träumen,
Fängt der Garten zu singen an.

Nachts durch die stille Runde
Weht's manchmal bis zu mir,
Da ruf' ich aus Herzensgrunde,
O Bruderherz, nach dir.

So fremde sind die Andern,
Mir graut im fremden Land,
Wir wollen zusammen wandern,
Reich' treulich mir die Hand!

Wir wollen zusammen ziehen,
Bis daß wir wandermüd'
Auf des Vaters Grabe knieen
Bei dem alten Zauberlied.

AN MEINEN BRUDER

Gedenkst Du noch des Gartens
Und Schlosses über'm Wald,
Des träumenden Erwartens:
Ob's denn nicht Frühling bald?

Der Spielmann war gekommen,
Der jeden Lenz singt aus,
Er hat uns mitgenommen
In's blüh'nde Land hinaus.

Wie sind wir doch im Wandern
Seitdem so weit zerstreut!
Frägt einer nach dem andern,
Doch niemand gibt Bescheid.

Nun steht das Schloß versunken
Im Abendrote tief,
Als ob dort traumestrunken
Der alte Spielmann schlief'.

Gestorben sind die Lieben,
Das ist schon lange her,
Die Wen'gen, die geblieben,
Sie kennen uns nicht mehr.

Und fremde Leute gehen
Im Garten vor dem Haus –
Doch über'n Garten sehen
Nach *uns* die Wipfel aus.

Doch rauscht der Wald im Grunde
Fort durch die Einsamkeit
Und gibt noch immer Kunde
Von unsrer Jugendzeit.

Bald mächt'ger und bald leise
In jeder guten Stund'
Geht diese Waldes-Weise
Mir durch der Seele Grund.

Und stamml' ich auch nur bange,
Ich sing' es, weil ich muß,
Du hörst doch in dem Klange
Den alten Heimatsgruß!

WANDER-SPRÜCHE

1.

Herz, in deinen sonnenhellen
Tagen halt' nicht karg zurück!
Allwärts fröhliche Gesellen
Trifft der Frohe und sein Glück.

Sinkt dein Stern: alleine wandern
Magst du bis an's End der Welt –
Bau' du nur auf keinen andern
Als auf Gott, der Treue hält.

2.

Was willst auf dieser Station
So breit dich niederlassen!
Wie bald nicht bläst der Postillon,
Du mußt doch alles lassen.

O wunderbares, tiefes Schweigen,
Wie einsam ist's noch auf der Welt!
Die Wälder nur sich leise neigen,
Als ging' der Herr durch's stille Feld.

Ich fühl' mich recht wie neu geschaffen,
Wo ist die Sorge nun und Not?
Was mich noch gestern wollt' erschlaffen,
Ich schäm' mich des' im Morgenrot.

Die Welt mit ihrem Gram und Glücke
Will ich, ein Pilger frohbereit,
Betreten nur wie eine Brücke
Zu dir, Herr, über'n Strom der Zeit.

Und buhlt mein Lied, auf Weltgunst lauernd,
Um schnöden Sold der Eitelkeit:
Zerschlag' mein Saitenspiel und schauernd
Schweig' ich vor dir in Ewigkeit.

RÜCKBLICK

Ich wollt' im Walde dichten
Ein Heldenlied voll Pracht,
Verwickelte Geschichten
Recht sinnreich ausgedacht.
Da rauschten Bäume, sprangen
Vom Fels die Bäche drein,

Und tausend Stimmen klangen
Verwirrend aus und ein.
Und manches Jauchzen schallen
Ließ ich aus frischer Brust,
Doch aus den Helden allen
Ward nichts vor tiefer Lust.

Kehr ich zur Stadt erst wieder
Aus Feld und Wäldern kühl,
Da kommen all' die Lieder
Von fern durchs Weltgewühl,
Es hallen Lust und Schmerzen
Noch einmal leise nach,
Und bildend wird im Herzen
Die alte Wehmut wach,
Der Winter auch derweile
Im Feld die Blumen bricht –
Dann gibt's vor Langerweile
Ein überlang Gedicht!

DER WANDERNDE STUDENT

Bei dem angenehmsten Wetter
Singen alle Vögelein,
Klatscht der Regen auf die Blätter,
Sing ich so für mich allein.

Denn mein Aug' kann nichts entdecken;
Wenn der Blitz auch grausam glüht,

Was im Wandeln könnt' erschrecken
Ein zufriedenes Gemüt.

Frei von Mammon will ich schreiten
Auf dem Feld der Wissenschaft,
Sinne ernst und nehm' zu Zeiten
Einen Mund voll Rebensaft.

Bin ich müde vom Studieren,
Wann der Mond tritt sanft herfür,
Pfleg' ich dann zu musizieren
Vor der Allerschönsten Tür.

DRYANDER MIT DER KOMÖDIANTEN-BANDE

Mich brennt's an meinen Reiseschuh'n,
Fort mit der Zeit zu schreiten –
Was wollen wir agieren nun
Vor so viel klugen Leuten?

Es hebt das Dach sich von dem Haus
Und die Kulissen rühren
Und strecken sich zum Himmel raus,
Strom, Wälder musizieren!

Und aus den Wolken langt es sacht,
Stellt alles durcheinander,
Wie sich's kein Autor hat gedacht:
Volk, Fürsten und Dryander.

Da gehn die einen müde fort,
Die andern nah'n behende,
Das alte Stück, man spielt's so fort
Und kriegt es nie zu Ende.

Und keiner kennt den letzten Akt
Von allen die da spielen,
Nur der da droben schlägt den Takt,
Weiß, wo das hin will zielen.

LOCKUNG

Hörst du nicht die Bäume rauschen
Draußen durch die stille Rund'?
Lockt's dich nicht hinabzulauschen
Von dem Söller in den Grund,
Wo die vielen Bäche gehen
Wunderbar im Mondenschein
Und die stillen Schlösser sehen
In den Fluß vom hohen Stein.

Kennst du noch die irren Lieder
Aus der alten schönen Zeit?
Sie erwachen alle wieder
Nachts in Waldeseinsamkeit,
Wenn die Bäume träumend lauschen
Und der Flieder duftet schwül
Und im Fluß die Nixen rauschen –
Komm herab, hier ist's so kühl.

SCHÖNE FREMDE

Es rauschen die Wipfel und schauern,
Als machten zu dieser Stund'
Um die halbversunkenen Mauern
Die alten Götter die Rund'.

Hier hinter den Myrtenbäumen
In heimlich dämmernder Pracht,
Was sprichst du wirr wie in Träumen
Zu mir, phantastische Nacht?

Es funkeln auf mich alle Sterne
Mit glühendem Liebesblick,
Es redet trunken die Ferne
Wie von künftigem großen Glück! –

PAROLE

Sie stand wohl am Fensterbogen
Und flocht sich traurig ihr Haar,
Der Jäger war fortgezogen,
Der Jäger ihr Liebster war.

Und als der Frühling gekommen,
Die Welt war von Blüten verschneit,
Da hat sie ein Herz sich genommen
Und ging in die grüne Heid.

Sie legt das Ohr an den Rasen,
Hört ferner Hufe Klang –
Das sind die Rehe, die grasen
Am schattigen Bergeshang.

Und Abends die Wälder rauschen,
Von fern nur fällt noch ein Schuß,
Da steht sie stille, zu lauschen:
»Das war meines Liebsten Gruß!«

Da sprangen vom Fels die Quellen,
Da flogen die Vöglein in's Tal.
»Und wo ihr ihn trefft, ihr Gesellen,
Grüßt mir ihn tausendmal!«

SEHNSUCHT

Es schienen so golden die Sterne,
Am Fenster ich einsam stand
Und hörte aus weiter Ferne
Ein Posthorn im stillen Land.
Das Herz mir im Leib entbrennte,
Da hab' ich mir heimlich gedacht:
Ach wer da mitreisen könnte
In der prächtigen Sommernacht!

Zwei junge Gesellen gingen
Vorüber am Bergeshang,
Ich hörte im Wandern sie singen
Die stille Gegend entlang:

Von schwindelnden Felsenschlüften,
Wo die Wälder rauschen so sacht,
Von Quellen, die von den Klüften
Sich stürzen in die Waldesnacht.

Sie sangen von Marmorbildern,
Von Gärten, die über'm Gestein
In dämmernden Lauben verwildern,
Palästen im Mondenschein,
Wo die Mädchen am Fenster lauschen,
Wann der Lauten Klang erwacht
Und die Brunnen verschlafen rauschen
In der prächtigen Sommernacht. –

DER WÄCHTER

Nächtlich macht der Herr die Rund',
Sucht die Seinen unverdrossen,
Aber überall verschlossen
Trifft er Tür und Herzensgrund,
Und er wendet sich voll Trauer:
Niemand ist, der mit mir wacht. –
Nur der Wald vernimmt's mit Schauer,
Rauschet fromm die ganze Nacht.

Waldwärts durch die Einsamkeit
Hört' ich über Tal und Klüften
Glocken in den stillen Lüften,
Wie aus fernem Morgen weit –
An die Tore will ich schlagen,

An Palast und Hütten: Auf!
Flammend schon die Gipfel ragen,
Wachet auf, wacht auf, wacht auf!

DER EINSIEDLER

Komm' Trost der Welt, du stille Nacht!
Wie steigst du von den Bergen sacht,
Die Lüfte alle schlafen,
Ein Schiffer nur noch, wandermüd,
Singt über's Meer sein Abendlied
Zu Gottes Lob im Hafen.

Die Jahre wie die Wolken gehn
Und lassen mich hier einsam stehn,
Die Welt hat mich vergessen,
Da tratst du wunderbar zu mir,
Wenn ich beim Waldesrauschen hier
Gedankenvoll gesessen.

O Trost der Welt, du stille Nacht!
Der Tag hat mich so müd gemacht,
Das weite Meer schon dunkelt,
Lass' ausruhn mich von Lust und Not,
Bis daß das ew'ge Morgenrot
Den stillen Wald durchfunkelt.

Es war, als hätt' der Himmel
Die Erde still geküßt,
Daß sie im Blüten-Schimmer
Von ihm nun träumen müßt'.

Die Luft ging durch die Felder,
Die Ähren wogten sacht,
Es rauschten leis die Wälder,
So sternklar war die Nacht.

Und meine Seele spannte
Weit ihre Flügel aus,
Flog durch die stillen Lande,
Als flöge sie nach Haus.

DER STILLE GRUND

Der Mondenschein verwirret
Die Täler weit und breit,
Die Bächlein, wie verirret,
Gehn durch die Einsamkeit.

Da drüben sah ich stehen
Den Wald auf steiler Höh,
Die finstern Tannen sehen
In einen tiefen See.

Ein Kahn wohl sah ich ragen,
Doch niemand der es lenkt,
Das Ruder war zerschlagen,
Das Schifflein halb versenkt.

Eine Nixe auf dem Steine
Flocht dort ihr goldnes Haar,
Sie meint', sie wär' alleine,
Und sang so wunderbar.

Sie sang und sang, in den Bäumen
Und Quellen rauscht' es sacht
Und flüsterte wie in Träumen
Die mondbeglänzte Nacht.

Ich aber stand erschrocken,
Denn über Wald und Kluft
Klangen die Morgenglocken
Schon ferne durch die Luft.

Und hätt' ich nicht vernommen
Den Klang zu guter Stund':
Wär' nimmer mehr gekommen
Aus diesem stillen Grund.

WÜNSCHELRUTE

Schläft ein Lied in allen Dingen,
Die da träumen fort und fort,

Und die Welt hebt an zu singen,
Triffst du nur das Zauberwort.

FRISCHAUF!

Ich saß am Schreibtisch bleich und krumm,
Es war mir in meinem Kopf ganz dumm
Vor Dichten, wie ich alle die Sachen
Sollte auf's allerbeste machen.
Da guckt am Fenster im Morgenlicht
Durch's Weinlaub ein wunderschönes Gesicht,
Guckt und lacht, kommt ganz herein
Und kramt mir unter den Blättern mein.
Ich, ganz verwundert: »Ich sollt' dich kennen« –
Sie aber, statt ihren Namen zu nennen:
»Pfui in dem Schlafrock, siehst ja aus
Wie ein verfallenes Schilderhaus!
Willst du denn hier in der Tinte sitzen,
Schau, wie die Felder da draußen blitzen!«
So drängt sie mich fort unter Lachen und Streit,
Mir tat's um die schöne Zeit nur Leid.
Drunten aber unter den Bäumen
Stand ein Roß mit funkelnden Zäumen.
Sie schwang sich lustig mit mir hinauf,
Die Sonne draußen ging eben auf,
Und eh' ich mich konnte bedenken und fassen,
Ritten wir rasch durch die stillen Gassen,
Und als wir kamen vor die Stadt,
Das Roß aufeinmal zwei Flügel hatt',
Mir schauerte es recht durch alle Glieder:

»Mein Gott, ist's denn schon Frühling wieder?« –
Sie aber wies mir, wie wir so zogen,
Die Länder, die unten vorüberflogen,
Und hoch über dem allerschönsten Wald
Machte sie lächelnd aufeinmal Halt.
Da sah ich erschrocken zwischen den Bäumen
Meine Heimat unten wie in Träumen,
Das Schloß, den Garten und die stille Luft,
Die blauen Berge dahinter im Duft
Und alle die schöne alte Zeit
In der wundersamen Einsamkeit.
Und als ich mich wandte, war ich allein,
Das Roß nur wiehert' in den Morgen hinein,
Mir aber war's, als wär' ich wieder jung,
Und wußte der Lieder noch genung!

DAS LIED

Halb Worte sind's, halb Melodie,
Was mir durchs Herze zieht,
Weiß nicht, woher, wozu und wie,
Mit *einem* Wort: ein Lied.

Der Lenz rauscht durch die offne Tür,
Da hab ich's mir erdacht,
Ich sel'ger Mensch kann nichts dafür,
Gott hat's so schön gemacht!

Bist du manchmal auch verstimmt,
　Drück' dich zärtlich an mein Herze,
Daß mir's fast den Atem nimmt,
　Streich' und kneif' in süßem Scherze,
Wie ein rechter Liebestor
　Lehn' ich sanft an dich die Wange,
Und du singst mir fein in's Ohr.
　Wohl im Hofe bei dem Klange
Katze miaut, Hund heult und bellt,
　Nachbar schimpft mit wilder Miene –
Doch was kümmert uns die Welt,
　Süße, traute Violine!

GOTTES-SEGEN

Das Kind ruht aus vom Spielen,
Am Fenster rauscht die Nacht,
Die Engel Gott's im Kühlen
Getreulich halten Wacht.

Am Bettlein still sie stehen,
Der Morgen graut noch kaum,
Sie küssen's, eh' sie gehen,
Das Kindlein lacht im Traum.

TROST

Es haben viel' Dichter gesungen
Im schönen deutschen Land,
Nun sind ihre Lieder verklungen,
Die Sänger ruhen im Sand.

Aber so lange noch kreisen
Die Stern' und die Erde rund,
Tun Herzen in neuen Weisen
Die alte Schönheit kund.

Im Walde da liegt verfallen
Der alten Helden Haus,
Doch aus den Toren und Hallen
Bricht jährlich der Frühling aus.

Und wo immer müde Fechter
Sinken im mutigen Strauß,
Es kommen frische Geschlechter
Und fechten es endlich aus.

UMKEHR

Leben kann man nicht von Tönen,
    Poesie geht ohne Schuh,
Und so wandt' ich denn der Schönen
    Endlich auch den Rücken zu.
Lange durch die Welt getrieben
    Hat mich nun die irre Hast,

Immer doch bin ich geblieben
   Nur ein ungeschickter Gast.
Überall zu spät zum Schmause
   Kam ich, wenn die andern voll,
Trank die Neigen vor dem Hause,
   Wußt' nicht wem ich's trinken soll.
Mußt' mich vor Fortuna bücken
   Ehrfurchtsvoll bis auf die Zeh'n,
Vornehm wandt' sie mir den Rücken,
   Ließ mich so gebogen steh'n.
Und als ich mich aufgerichtet
   Wieder frisch und frei und stolz,
Sah ich Berg und Tal gelichtet,
   Blühen jedes dürre Holz.
Welt hat eine plumpe Pfote –
   Wandern kann man ohne Schuh –
Deck' mit Deinem Morgenrote
   Wieder nur den Wandrer zu.

VIELE BOTEN GEH'N UND GINGEN

Viele Boten geh'n und gingen
Zwischen Erd' und Himmelslust,
Solchen Gruß kann keiner bringen,
Als ein Lied aus frischer Brust.

Frühmorgens durch die Klüfte
Wir blasen Victoria!
Eine Lerche fährt in die Lüfte:
»Die Spielleut' sind schon da!«
Da dehnt ein Turm und reckt sich
Verschlafen im Morgengrau,
Wie aus dem Traume streckt sich
Der Strom durch die stille Au,
Und ihre Äuglein balde
Tun auf die Bächlein all',
Im Wald, im grünen Walde
Das ist ein lust'ger Schall!

Das ist ein lust'ges Reisen,
Der Eichbaum kühl und frisch
Mit Schatten, wo wir speisen,
Deckt uns den grünen Tisch.
Zum Frühstück musizieren
Die muntern Vögelein,
Der Wald, wenn sie pausieren,
Stimmt wunderbar mit ein,
Die Wipfel tut er neigen,
Als gesegnet' er uns das Mahl,
Und zeigt uns zwischen den Zweigen
Tief unten das weite Tal.

Tief unten da ist ein Garten,
Da wohnt eine schöne Frau,
Wir können nicht lange warten,

Durch's Gittertor wir schau'n,
Wo die weißen Statuen stehen,
Da ist's so still und kühl,
Die Wasserkünste gehen,
Der Flieder duftet schwül.
Wir ziehn vorbei und singen
In der stillen Morgenzeit,
Sie hört's im Traume klingen,
Wir aber sind schon weit.

ABSCHIED

O Täler weit, o Höhen,
O schöner grüner Wald,
Du meiner Lust und Wehen
Andächt'ger Aufenthalt!
Da draußen, stets betrogen,
Saus't die geschäft'ge Welt,
Schlag' noch einmal die Bogen
Um mich, du grünes Zelt!

Wenn es beginnt zu tagen,
Die Erde dampft und blinkt,
Die Vögel lustig schlagen,
Daß dir dein Herz erklingt:
Da mag vergehn, verwehen
Das trübe Erdenleid,
Da sollst du auferstehen,
In junger Herrlichkeit!

Da steht im Wald geschrieben,
Ein stilles, ernstes Wort
Von rechtem Tun und Lieben,
Und was des Menschen Hort.
Ich habe treu gelesen
Die Worte schlicht und wahr,
Und durch mein ganzes Wesen
Ward's unaussprechlich klar.

Bald werd' ich dich verlassen,
Fremd in der Fremde geh'n,
Auf buntbewegten Gassen
Des Lebens Schauspiel sehn;
Und mitten in dem Leben
Wird deines Ernst's Gewalt
Mich Einsamen erheben,
So wird mein Herz nicht alt.

TUSCH

Fängt die Sonne an zu stechen,
Tapfer schießen Gras und Kräuter
Und die Bäume schlagen aus:
Muß des Feinds Gewalt zerbrechen,
Nimmt der Winter schnell Reißaus,
Erd' und Himmel glänzen heiter;
Und wir Musikanten fahren
Lustig auf dem Fluß hinunter,
Trommeln, pfeifen, blasen, geigen
Und die Hörner klingen munter.

Der Wald wird falb, die Blätter fallen,
Wie öd' und still der Raum!
Die Bächlein nur geh'n durch die Buchenhallen
Lindrauschend wie im Traum,
Und Abendglocken schallen
Fern von des Waldes Saum.

Was wollt ihr mich so wild verlocken
In dieser Einsamkeit?
Wie in der Heimat klingen diese Glocken
Aus stiller Kinderzeit –
Ich wende mich erschrocken,
Ach, was mich liebt, ist weit!

So brecht hervor nur, alte Lieder.
Und brecht das Herz mir ab!
Noch einmal grüß' ich aus der Ferne wieder
Was ich nur Liebes hab',
Mich aber zieht es nieder
Vor Wehmut wie in's Grab.

DER KADETT

Meine Liebste die ist von allen
Grade die Schönste nicht,
Doch hat mir eben gefallen
Ihr spielendes Augenlicht.

Da kann ich von Glücke sagen,
Denn wär' sie die Schönste just,
Müßt' ich mit Allen mich schlagen
Um die Eine nach Herzenslust.

TRAURIGER FRÜHLING

Mir ist's im Kopf so wüste,
Die Zeit wird mir so lang,
Wie auch der Lenz mich grüßte
Mit Glanz und frischem Klang,
Das Herz bleibt mir so wüste,
Mir ist so sterbensbang.

Viel' Vöglein lockend sangen
Im blühenden Revier,
Ich hatt' mir ein's gefangen,
Jetzt ist es weit von mir,
Viel Vöglein draußen sangen,
Ach, hätt' ich mein's nur hier!

NEUE LIEBE

Herz, mein Herz, warum so fröhlich,
So voll Unruh und zerstreut,
Als käm' über Berge selig
Schon die schöne Frühlingszeit?

Weil ein liebes Mädchen wieder
Herzlich an dein Herz sich drückt,
Schaust du fröhlich auf und nieder,
Erd' und Himmel dich erquickt.

Und ich hab' die Fenster offen,
Neu zieh in die Welt hinein
Altes Bangen, altes Hoffen!
Frühling, Frühling soll es sein!

Still kann ich hier nicht mehr bleiben,
Durch die Brust ein Singen irrt,
Doch zu licht ist's mir zum schreiben,
Und ich bin so froh verwirrt.

Also schlendr' ich durch die Gassen,
Menschen gehen her und hin,
Weiß nicht, was ich tu und lasse,
Nur, daß ich so glücklich bin.

FRÜHLINGSNACHT

Über'n Garten durch die Lüfte
Hört' ich Wandervögel zieh'n,
Das bedeutet Frühlingsdüfte,
Unten fängt's schon an zu blüh'n.

Jauchzen möcht' ich, möchte weinen,
Ist mir's doch, als könnt's nicht sein!

Alte Wunder wieder scheinen
Mit dem Mondesglanz herein.

Und der Mond, die Sterne sagen's
Und in Träumen rauscht's der Hain
Und die Nachtigallen schlagen's:
Sie ist Deine, sie ist Dein!

WERKTAG

Wir wandern nun schon viel hundert Jahr,
Und kommen doch nicht zur Stelle –
Der Strom wohl rauscht an die tausend gar,
Und kommt doch nicht zur Quelle.

SONNTAG

Weit in das Land die Ström' ihr Silber führen,
Fern blau Gebirge duftig hingezogen,
Die Sonne scheint, die Bäume sanft sich rühren,
Und Glockenklang kommt auf den linden Wogen;
Hoch in den Lüften Lerchen jubilieren,
Und, so weit klar sich wölbt des Himmels Bogen,
Von Arbeit ruht der Mensch rings in die Runde,
Atmet zum Herren auf aus Herzensgrunde.

Es ist ein still Erwarten in den Bäumen,
Die Nachtigallen in den Büschen schlagen
In irren Klagen, können's doch nicht sagen,
Die Schmerzen all' und Wonne, halb in Träumen.

Die Lerche auch will nicht die Zeit versäumen,
Da solches Schallen bringt die Luft getragen,
Schwingt sich vom Tal, eh's noch beginnt zu tagen,
Im ersten Strahl die Flügel sich zu säumen.

Ich aber stand schon lange in dem Garten
Und bin in's stille Feld hinausgegangen,
Wo leis die Ähren an zu wogen fingen.

O fromme Vöglein, ihr und ich, wir warten
Auf's frohe Licht, da ist uns vor Verlangen
Bei stiller Nacht erwacht so sehnend Singen.

WEIHNACHTEN

Markt und Straßen steh'n verlassen,
Still erleuchtet jedes Haus,
Sinnend geh' ich durch die Gassen,
Alles sieht so festlich aus.

An den Fenstern haben Frauen
Buntes Spielzeug fromm geschmückt,

Tausend Kindlein steh'n und schauen,
Sind so wunderstill beglückt.

Und ich wandre aus den Mauern
Bis hinaus in's freie Feld,
Hehres Glänzen, heil'ges Schauern!
Wie so weit und still die Welt!

Sterne hoch die Kreise schlingen,
Aus des Schnees Einsamkeit
Steigt's wie wunderbares Singen –
O du gnadenreiche Zeit!

ABSCHIED

Abendlich schon rauscht der Wald
Aus den tiefen Gründen,
Droben wird der Herr nun bald
An die Sterne zünden,
Wie so stille in den Schlünden,
Abendlich nur rauscht der Wald.

Alles geht zu seiner Ruh,
Wald und Welt versausen,
Schauernd hört der Wandrer zu,
Sehnt sich recht nach Hause,
Hier in Waldes grüner Klause
Herz, geh' endlich auch zur Ruh!

Da die Welt zur Ruh' gegangen,
Wacht mit Sternen mein Verlangen;
In der Kühle muß ich lauschen,
Wie die Wellen unten rauschen.

»Fernher mich die Wellen tragen,
Die an's Land so traurig schlagen
Unter Deines Fensters Gitter,
Fraue, kennst Du noch den Ritter?«

Ist's doch, als ob seltsam' Stimmen
Durch die lauen Lüfte schwimmen;
Wieder hat's der Wind genommen –
Ach, mein Herz ist so beklommen!

»Drüben liegt Dein Schloß verfallen,
Klagend in den öden Hallen
Aus dem Grund der Wald mich grüßte –
'S war, als ob ich sterben müßte.«

Alte Klänge blühend schreiten!
Wie aus lang versunk'nen Zeiten
Will mich Wehmut noch bescheinen,
Und ich möcht' von Herzen weinen.

»Über'm Walde blitzt's von Weitem,
Wo um Christi Grab sie streiten;
Dorthin will mein Schiff ich wenden,
Da wird alles, alles enden!«

Geht ein Schiff, ein Mann stand drinne –
Falsche Nacht, verwirrst die Sinne,
Welt, Ade! Gott woll' bewahren,
Die noch irr im Dunkeln fahren.

DER UNBEKANNTE

Vom Dorfe schon die Abendglocken klangen,
Die müden Vöglein gingen auch zur Ruh,
Nur auf den Wiesen noch die Heimchen sangen
Und von den Bergen rauscht der Wald dazu;
Da kam ein Wandrer durch die Ährenwogen,
Aus fernen Landen schien er hergezogen.

Vor seinem Hause, unter blüh'nden Lauben
Lud ihn ein Mann zum fröhl'chen Rasten ein,
Die junge Frau bracht' Wein und Brot und Trauben,
Setzt dann, umspielt vom letzten Abendschein,
Sich neben ihn und blickt halb scheu, halb lose,
Ein lockigt Knäblein lächelnd auf dem Schoße.

Ihr dünkt, er wär' schon einst im Dorf gewesen,
Und doch so fremd und seltsam war die Tracht,
In seinen Mienen feur'ge Schrift zu lesen
Gleich Wetterleuchten fern bei stiller Nacht,
Und traf sein Auge sie, wollt' ihr fast grauen,
Denn's war, wie in den Himmelsgrund zu schauen.

Und wie sich kühler nun die Schatten breiten,
Vom Berg Vesuv, der über Trümmern raucht,

Vom blauen Meer, wo Schwäne singend gleiten,
Kristall'nen Inseln, blühend draus getaucht,
Und Glocken, die im Meeresgrunde schlagen,
Wußt' wunderbar der schöne Gast zu sagen.

»Hast viel erfahren, willst Du ewig wandern?«
Sprach drauf sein Wirt mit herzlichem Vertrau'n,
»Hier kannst Du froh genießen wie die andern,
Am eig'nen Herd Dein kleines Gärtchen bau'n,
Des Nachbars Töchter haben reiche Truhen,
Ruh' endlich aus, brauchst nicht allein zu ruhen.«

Da stand der Wandrer auf, es blühten Sterne
Schon aus dem Dunkel über'm stillen Land,
»Gesegn' euch Gott! mein Heimatland liegt
                                        ferne. –«
Und als er von den beiden sich gewandt,
Kam himmlisch Klingen von der Waldeswiese –
So sternklar war noch keine Nacht wie diese.

VALET

A̲de nun, liebe Lieder,
Ade, du schöner Sang!
Nun sing' ich wohl nicht wieder
Vielleicht mein Leben lang.

Einst blüht' von Gottes Odem
Die Welt so wunderreich,

Da in den grünen Boden
Senkt' ich als Reiser euch.

Jetzt eure Wipfel schwanken
So kühle über mir,
Ich stehe in Gedanken
Gleichwie im Walde hier.

Da muß ich oft noch lauschen
In meiner Einsamkeit,
Und denk' bei euerem Rauschen
Der schönen Jugendzeit.

DER ALTE GARTEN

Kaiserkron' und Päonien rot,
Die müssen verzaubert sein,
Denn Vater und Mutter sind lange tot,
Was blühn sie hier so allein?

Der Springbrunn plaudert noch immerfort
Von der alten schönen Zeit,
Eine Frau sitzt eingeschlafen dort,
Ihre Locken bedecken ihr Kleid.

Sie hat eine Laute in der Hand,
Als ob sie im Schlafe spricht,
Mir ist, als hätt' ich sie sonst gekannt –
Still, geh vorbei und weck' sie nicht!

Und wenn es dunkelt das Tal entlang,
Streift sie die Saiten sacht,
Da gibt's einen wunderbaren Klang
Durch den Garten die ganze Nacht.

DER KEHRAUS

Es fiedeln die Geigen,
Da tritt in den Reigen

Ein seltsamer Gast,
Kennt keiner den Dürren,
Galant aus dem Schwirren
Die Braut er sich faßt.

Hebt an, sich zu schwenken
In allen Gelenken.
Das Fräulein im Kranz:
»Euch knacken die Beine. −«
»Bald rasseln auch deine,
Frisch auf spiel't zum Tanz!«

Ein Kenner im Ringe
Betrachtet die Sprünge,
Er findet's gemein.
»Dir kann's auch nicht schaden!«
Die vornehmen Waden
Muß er schwingen im Reih'n.

Die Spröde hinter'm Fächer,
Der Zecher vom Becher,
Der Dichter so lind,
Muß auch mit zum Tanze,
Daß die Lorbeern vom Kranze
Fliegen im Wind.

So schnurret der Reigen
Zum Saal 'raus in's Schweigen
Der prächtigen Nacht,
Die Klänge verwehen,

Die Hähne schon krähen,
Da verstieben sie sacht. –

So ging's schon vor Zeiten
Und geht es noch heute,
Und hörest du hell
Aufspielen zum Reigen,
Wer weiß, wem sie geigen –
Hüt' dich, Gesell!

NACHRUF

Du liebe, treue Laute,
Wie manche Sommernacht,
Bis daß der Morgen graute,
Hab' ich mit dir durchwacht!

Die Täler wieder nachten,
Kaum spielt noch Abendrot,
Doch die sonst mit uns wachten,
Die liegen lange tot.

Was wollen wir nun singen
Hier in der Einsamkeit,
Wenn alle von uns gingen,
Die unser Lied erfreut?

Wir wollen dennoch singen!
So still ist's auf der Welt,

Wer weiß, die Lieder dringen
Vielleicht zum Sternenzelt.

Wer weiß, die da gestorben,
Sie hören droben mich,
Und öffnen leis die Pforten
Und nehmen uns zu sich.

DIE NACHTIGALLEN

Möcht' wissen, was sie schlagen
So schön bei der Nacht,
'S ist in der Welt ja doch niemand
Der mit ihnen wacht.

Und die Wolken die reisen,
Und das Land ist so blaß,
Und die Nacht wandert leise
Durch den Wald über's Gras.

Nacht, Wolken, wohin sie gehen
Ich weiß es recht gut,
Liegt ein Grund hinter den Höhen,
Wo meine Liebste jetzt ruht.

Zieht der Einsiedel sein Glöcklein,
Sie höret es nicht,
Es fallen ihr die Löcklein
Über's ganze Gesicht.

Und daß sie niemand erschrecket,
Der liebe Gott hat sie schier
Ganz mit Mondschein bedecket,
Da träumt sie von mir.

SCHLIMME WAHL

Du sahst die Fei ihr goldnes Haar sich strählen,
Wenn morgens früh noch alle Wälder schweigen,
Gar viele da im Felsgrund sich versteigen,
Und weiß doch keiner, wen sie wird erwählen.

Von einer andern Dam' hört' ich erzählen
Im platten Land, die Bauern rings dir zeigen
Ihr Schloß, Park, Weiler – alles ist dein eigen,
Freist du das Weib – wer möcht' im Wald sich
quälen!

Sie werden dich auf einen Phaeton heben,
Das Hochzeitskarmen tönt, es blinkt die Flasche,
Weitrauschend hinterdrein viel vornehm Wesen.

Doch streift beim Zug dich aus dem Walde eben
Der Feie Blick, und brennt dich nicht zu Asche:
Fahr' wohl, bist nimmer ein Poet gewesen!

Der Wald, der Wald! daß Gott ihn grün erhalt',
Gibt gut Quartier und nimmt doch nichts dafür.

Zum Grünen Wald wir Herberg' halten,
Denn Hoffart ist nicht unser Ziel,
Im Wirtshaus, wo wir nicht bezahlten,
Es war der Ehre gar zu viel.
Der Wirt, er wollt' uns gar nicht lassen,
Sie ließen Kann' und Kartenspiel,
Die ganze Stadt war in den Gassen,
Und von den Bänken mit Gebraus
Stürzt' die Schule heraus,
Wuchs der Haufe von Haus zu Haus,
Schwenkt' die Mützen und jubelt' und wogt',
Der Hatschier, die Stadtwacht, der Bettelvogt,
Wie wenn ein Prinz zieht auf die Freit',
Gab Alles, Alles uns fürstlich Geleit.
Wir aber schlugen den Markt hinab
Uns durch die Leut' mit dem Wanderstab,
Und hoch mit dem Tamburin, daß es schallt', –

Zum Wald, zum Wald, zum schönen, grünen
                                    Wald!

Und da nun Alle schlafen gingen,
Der Wald steckt' seine Irrlicht' an,
Die Frösche tapfer Ständchen bringen,
Die Fledermaus schwirrt leis voran,
Und in dem Fluß auf feuchtem Steine

Gähnt laut der alte Wassermann,
Strählt sich den Bart im Mondenscheine,
Und fragt ein Irrlicht, wer wir sind?
Das aber duckt sich geschwind;
Denn über ihn weg im Wind
Durch die Wipfel der wilde Jäger geht,
Und auf dem alten Turm sich dreht
Und kräht der Wetterhahn uns nach:
Ob wir nicht einkehr'n unter sein Dach?
O Gockel, verfallen ist ja dein Haus,
Es sieht die Eule zum Fenster heraus,
Und aus allen Toren rauschet der Wald.

Der Wald, der Wald, der schöne, grüne Wald!

Und wenn wir müd' einst, sehn wir blinken
Eine goldne Stadt still über'm Land,
Am Tor Sankt Peter schon tut winken:
»Nur hier herein, Herr Musikant!«
Die Engel von den Zinnen fragen,
Und wie sie uns erst recht erkannt,
Sie gleich die silbernen Pauken schlagen,
Sankt Peter selbst die Becken schwenkt,
Und voll Geigen hängt
Der Himmel, Cäcilia an zu streichen fängt,
Dazwischen Hoch vivat! daß es prasselt und pufft,
Werfen die Andern vom Wall in die Luft
Sternschnuppen, Kometen,
Gar prächt'ge Raketen
Versengen Sankt Peter den Bart, daß er lacht,
Und wir ziehen heim, schöner Wald, gute Nacht!

1.

Es ist ein Klang gekommen
Herüber durch die Luft,
Der Wind hat's gebracht und genommen,
Ich weiß nicht, wer mich ruft.
Es schallt der Grund von Hufen,
In der Ferne fiel ein Schuß –
Das sind die Jäger, die rufen,
Daß ich hinunter muß!

2.

Das sind nicht die Jäger – im Grunde
Gehn Stimmen hin und her.
Hüt' dich zu dieser Stunde,
Mein Herz ist mir so schwer!
Wer dich lieb hat, macht die Runde,
Steig nieder und frag nicht, wer!
Ich führ' dich aus diesem Grunde –
Dann siehst du mich nimmermehr.

3.

Ich weiß einen großen Garten,
Wo die wilden Blumen stehn,
Die Engel frühmorgens sein warten,
Wenn Alles noch still auf den Höh'n.
Manch zackiges Schloß steht darinne,

Die Rehe grasen um's Haus,
Da sieht man weit von der Zinne,
Weit über die Länder hinaus.

VORBEI

Das ist der alte Baum nicht mehr,
Der damals hier gestanden,
Auf dem ich gesessen im Blütenmeer
Über den sonnigen Landen.

Das ist der Wald nicht mehr, der sacht
Vom Berge rauschte nieder,
Wenn ich vom Liebchen ritt bei Nacht,
Das Herz voll neuer Lieder.

Das ist nicht mehr das tiefe Tal
Mit den grasenden Rehen,
In das wir nachts viel tausendmal
Zusammen hinausgesehen. –

Es ist der Baum noch, Tal und Wald,
Die Welt ist jung geblieben,
Du aber wurdest seitdem alt,
Vorbei ist das schöne Lieben.

Es glänzt der Tulpenflor, durchschnitten von Alleen,
Wo zwischen Taxus still die weißen Statuen stehen,
Mit goldnen Kugeln spielt die Wasserkunst im Becken,
Im Laube lauert Sphynx, anmutig zu erschrecken.

Die schöne Chloe heut spazieret in dem Garten,
Zur Seit' ein Kavalier, ihr höflich aufzuwarten,
Und hinter ihnen leis Cupido kommt gezogen,
Bald duckend sich im Grün, bald zielend mit dem
                                        Bogen.

Es neigt der Kavalier sich in galantem Kosen,
Mit ihrem Fächer schlägt sie manchmal nach dem
                                        Losen,
Es rauscht der taftne Rock, es blitzen seine Schnallen,
Dazwischen hört man oft ein art'ges Lachen schallen.

Jetzt aber hebt vom Schloß, da sich's im West will
                                        röten,
Die Spieluhr schmachtend an, ein Menuett zu flöten,
Die Laube ist so still, er wirft sein Tuch zur Erde
Und stürzet auf ein Knie mit zärtlicher Gebärde.

»Wie wird mir, ach, ach, ach, es fängt schon an zu
                                        dunkeln –«
»So angenehmer nur seh' ich zwei Sterne funkeln –«
»Verwegner Kavalier!« – »Ha, Chloe, darf ich
                                        hoffen? –«
Da schießt Cupido los und hat sie gut getroffen.

Es ist ein Land, wo die Philister thronen,
Die Krämer fahren und das Grün verstauben,
Die Liebe selber altklug *feilscht* mit Hauben –
Herr Gott, wie lang willst du die Brut verschonen!

Es ist ein Wald, der rauscht mit grünen Kronen,
Wo frei die Adler horsten, und die Tauben
Unschuldig girren in den kühlen Lauben,
Die noch kein Fuß betrat – dort will ich wohnen!

Dort will ich nächtlich auf die Krämer lauern
Und kühn zerhaun der armen Schönheit Bande,
Die sie als niedre Magd zu Markte führen.

Hoch soll sie stehn auf grünen Felsenmauern,
Daß mahnend über alle stillen Lande
Die Lüfte nachts ihr Zauberlied verführen.

HERBSTWEH

I.

So still in den Feldern allen,
Der Garten ist lange verblüht,
Man hört nur flüsternd die Blätter fallen,
Die Erde schläfert – ich bin so müd.

Es schüttelt die welken Blätter der Wald,
Mich friert, ich bin schon alt,
Bald kommt der Winter und fällt der Schnee,
Bedeckt den Garten und mich und alles, alles
                                          Weh.

DANK

Mein Gott, dir sag' ich Dank,
Daß du die Jugend mir bis über alle Wipfel
In Morgenrot getaucht und Klang,
Und auf des Lebens Gipfel,
Bevor der Tag geendet,
Vom Herzen unbewacht
Den falschen Glanz gewendet,
Daß ich nicht taumle ruhmgeblendet,
Da nun herein die Nacht
Dunkelt in ernster Pracht.

SO ODER SO

Die handeln und die dichten,
Das ist der Lebenslauf,
Der Eine macht Geschichten,
Der Andre schreibt sie auf,
Und der will beide richten;
So schreibt und treibt sich's fort,

Der Herr wird Alles schlichten,
Verloren ist kein Wort.

IM ALTER

Wie wird nun Alles so stille wieder!
So war mir's oft in der Kinderzeit,
Die Bäche gehen rauschend nieder
Durch die dämmernde Einsamkeit,
Kaum noch hört man einen Hirten singen,
Aus allen Dörfern, Schluchten, weit
Die Abendglocken herüberklingen,
Versunken nun mit Lust und Leid
Die Täler, die noch einmal blitzen,
Nur hinter dem stillen Walde weit
Noch Abendröte an den Bergesspitzen,
Wie Morgenrot der Ewigkeit.

WACHT AUF!

Es ist ein Kirchlein zwischen Felsenbogen
So tief versteckt: wie in den alten Sagen
Hat nächtens drin die Glocke angeschlagen,
Weiß Keiner, wer die Glocken hat gezogen.

Erwache, Steuermann! hoch gehn die Wogen;
Ihr Hirten auf, die Herden nach euch fragen;
Ihr Wächter sollt an Schloß und Hütten schlagen,
Wacht auf, wacht auf, bevor der Klang verflogen!

Denn Heerschau halten will in deutschen Gauen
Der Herr und zählen, die ihm treu geblieben,
Eh' er den Engel mit dem Schwerte sendet.

Schon bricht's so dunkelrot durch's Morgengrauen,
Ob's Blut bedeutet oder feur'ges Lieben,
Es steht in Gottes Hand, die Niemand wendet.

AN GÖRRES

Oktober 1839

Wo einer noch Christi Fahne hält
Hoch über dem Erden-Plunder,
Für einen Narren hält ihn die Welt
Für ein gar fabelhaft Wunder.

Der Alte vom Berge nachts umgeht
Und zieht die alten Glocken,
Im Schlaf auf die andre Seite dreht
Die Welt sich, fast erschrocken.

Einsiedler du, ja stürme nur fort!
Manch Wandrer noch irrt verspätet,
Spürt in dem Klange des Herren Wort
Und sinkt in die Knie und betet.

Da steht eine Burg über'm Tale
Und schaut in den Strom hinein,
Das ist die fröhliche Saale,
Das ist der Gibichenstein.

Da hab' ich so oft gestanden,
Es blühten Täler und Höh'n,
Und seitdem in allen Landen
Sah ich nimmer die Welt so schön!

Durch's Grün da Gesänge schallten,
Von Rossen, zu Lust und Streit,
Schauten viel schlanke Gestalten,
Gleichwie in der Ritterzeit.

Wir waren die fahrenden Ritter,
Eine Burg war noch jedes Haus,
Es schaute durch's Blumengitter
Manch' schönes Fräulein heraus.

Das Fräulein ist alt geworden,
Und unter Philistern umher
Zerstreut ist der Ritterorden,
Kennt Keiner den Andern mehr.

Auf dem verfallenen Schlosse,
Wie der Burggeist, halb im Traum,
Steh' ich jetzt ohne Genossen
Und kenne die Gegend kaum.

Und Lieder und Lust und Schmerzen,
Wie liegen sie nun so weit –
O Jugend, wie tut im Herzen
Mir deine Schönheit so leid!

ROMANZE

Blonder Ritter, blonder Ritter,
Deine Blicke, weltschmerzdunkel,
Statt durch Helmes Eisengitter,
Durch die Brille gläsern funkeln.

Hinter'm Ohre, statt vom Leder,
Zornig mit verwegner Finte
Ziehst Du statt des Schwerts die Feder,
Und statt Blutes fließet Dinte.

Federspritzeln, Ehr' beklecken,
Ungeheueres Geschnatter!
Wilde Recken, wilde Recken,
Trampelt nicht die Welt noch platter.

WANDERLIED

Ich weiß nicht, was das sagen will!
Kaum tret' ich von der Schwelle still,
Gleich schwingt sich eine Lerche auf
Und jubiliert durch's Blau vorauf.

Das Gras ringsum, die Blumen gar
Stehn mit Juwelen und Perl'n im Haar,
Die schlanken Pappeln, Busch und Saat
Verneigen sich im größten Staat.

Als Bot' voraus das Bächlein eilt,
Und wo der Wind die Wipfel teilt,
Die Au' verstohlen nach mir schaut,
Als wär' sie meine liebe Braut.

Ja, komm' ich müd' in's Nachtquartier,
Die Nachtigall noch vor der Tür
Mir Ständchen bringt, Glühwürmchen bald
Illuminieren rings den Wald.

Umsonst! das ist nun einmal so,
Kein Dichter reist inkognito,
Der lust'ge Frühling merkt' es gleich,
Wer König ist in seinem Reich.

WECHSEL

Es fällt Nichts vor, mir fällt Nichts ein,
Ich glaub' die Welt steht still,
Die Zeit tritt auf so leis und fein,
Man weiß nicht, was sie will.

Auf einmal rührt sich's dort und hier –
Was das bedeuten mag?

Es ist, als hört'st du über dir
Einen frischen Flügelschlag.

Rasch steigen dunkle Wetter auf,
Schon blitzt's und rauscht die Rund',
Der lust'ge Sturmwind fliegt vorauf –
Da atm' ich aus Herzensgrund.

EIN EILAND, DAS DIE ZEITEN NICHT VERSANDEN

Ein Eiland, das die Zeiten nicht versanden,
Von dem sehnsüchtig fromme Völker träumen,
Wo Himmelslichter ernst den Felsen säumen,
Der Wetter bricht und Weltwitz macht zu Schanden:

Dorthin kehrst *Du* das Schiff aus wildem Branden,
Wie auch die Wogen sich hoffärtig bäumen,
Das Steuer lenkend durch das eitle Schäumen,
Am heil'gen Heimatsstrand *Dein* Volk zu landen.

Dorther auch stammt der Poesie Gebilde,
Und mahnend zielt nach jenen stillen Höhen
Des Dichters Lied, daß Heimweh sich erneue.

Ein Hauch nur ist's – laß in die Segel milde,
Um *Deinen* Banner, hoher Herr, ihn wehen:
Es ist der Herzens-Klang der alten Treue.

Wenn in's Land die Wetter hängen
Und der Mensch erschrocken steht,
Wendet, wie mit Glockenklängen
Die Gewitter Dein Gebet,
Und wo aus den grauen Wogen
Weinend auftaucht das Gefild,
Segnest Du's vom Regenbogen –
Mutter, ach wie bist du mild!

Wenn's einst dunkelt auf den Gipfeln
Und der kühle Abend sacht
Niederrauschet in den Wipfeln:
O Maria, heil'ge Nacht!
Lass' mich nimmer wie die Andern,
Decke zu der letzten Ruh
Mütterlich den müden Wandrer
Mit dem Sternenmantel zu.

STIMMEN DER NACHT

I.

Weit tiefe, bleiche, stille Felder –
O wie mich das freut,
Über alle, alle Täler, Wälder
Die prächtige Einsamkeit!

Aus der Stadt nur schlagen die Glocken
Über die Wipfel herein,
Ein Reh hebt den Kopf erschrocken
Und schlummert gleich wieder ein.

Der Wald aber rühret die Wipfel
Im Schlaf von der Felsenwand,
Denn der Herr geht über die Gipfel
Und segnet das stille Land.

2.

Nächtlich wandern alle Flüsse
Und der Himmel, Stern auf Stern,
Sendet so viel tausend Grüße,
Daß die Wälder nah und fern
Schauernd rauschen in den Gründen;
Nur der Mensch, dem Tod geweiht,
Träumet fort von seinen Sünden
In der stillen Gnadenzeit.

FEE MORGANA

Du Pilger im Wüstensande,
    Ich spiegle Wälder und Kluft,
Der Heimat blühende Lande
    Dir wunderbar in der Luft.

Wer hielte in dieser Wüste
    Das einsame Wandern aus,

Wenn ich ihn barmherzig nicht grüßte
Mit Frühlingsdüften von Haus?

Und ob's auch wieder verflogen
In Luft – und schien doch so nah –
Nur frisch durch die sengenden Wogen,
Wer weiß, wie bald bist du da!

DER BRAVE SCHIFFER
Heinrich Theodor v. Schön. 1847

Solang' an Preußens grünem Strand
Die Meereswogen schlagen,
Wird Kindeskind im ganzen Land
Vom braven Schiffer sagen.

In wilden Wettern trieb das Schiff,
Die wollten es begraben,
Da sprach er stolz zu Sturm und Riff:
Ihr sollt es nimmer wagen!

Kühn um der Nornen Felsenwand,
Durch Meeresungeheuer,
Weil er das hohe Wort verstand,
Lenkt mächtig er das Steuer.

Und als die Brandung sich verlief,
Die Waffen müde sanken,
Gerettet hatte aus der Tief'
Den Hort er der Gedanken.

Und ob auch Stern auf Stern versank
Und schlaff die Segel hingen,
Der Teufel, nicht das Schiff, ertrank,
Gedanken sind ja Schwingen.

So zwischen Schrecken, träger Ruh
Und Sandbank des Gemeinen
Dem ritterlichen König zu
Führt' er getreu die Seinen.

Jetzt über'm Lande auf der Wacht
Steht rastend er im Hafen:
Die See geht hoch; gebt Acht, gebt Acht,
Ihr Schiffer sollt nicht schlafen!

Ja, und so oft wir wogenwärts
Noch frische Fahrten wagen,
Soll hell an jedes Preußenherz
Des Schiffers Mahnung schlagen!

NACHTS

Danzig 1843

Dunkle Giebel, hohe Fenster,
Türme tief aus Nebeln sehn,
Bleiche Statuen wie Gespenster
Lautlos an den Türen stehn.

Träumerisch der Mond drauf scheinet,
Dem die Stadt gar wohl gefällt,

Als läg' zauberhaft versteinet
Drunten eine Märchenwelt.

Ringsher durch das tiefe Lauschen,
Über alle Häuser weit,
Nur des Meeres fernes Rauschen –
Wunderbare Einsamkeit!

Und der Türmer wie vor Jahren
Singet ein uraltes Lied:
Wolle Gott den Schiffer wahren,
Der bei Nacht vorüberzieht!

DAS ALTER

Hoch mit den Wolken geht der Vögel Reise,
Die Erde schläfert, kaum noch Astern prangen,
Verstummt die Lieder, die so fröhlich klangen,
Und trüber Winter deckt die weiten Kreise.

Die Wanduhr pickt, im Zimmer singet leise
Waldvöglein noch, so du im Herbst gefangen.
Ein Bilderbuch scheint Alles, was vergangen,
Du blätterst d'rin, geschützt vor Sturm und Eise.

So mild ist oft das Alter mir erschienen:
Wart' nur, bald taut es von den Dächern nieder,
Und über Nacht hat sich die Luft gewendet.

Ans Fenster klopft ein Bot' mit frohen Mienen,
Du trittst erstaunt heraus – und kehrst nicht wieder,
Denn endlich kommt der Lenz, der nimmer endet.

ES TRÄUMT EIN JEDES HERZ

Es träumt ein jedes Herz
Vom fernen Land des Schönen.
Dorthin durch Lust und Schmerz
Schwingt wunderbar aus Tönen

Manch' Brücke eine Fei, –
O! holde Zauberei!

1848

I

DIE ALTLIBERALEN

Die wilden Wasser, sagt man, hat entbunden
Ein Lehrling einst, vorwitzig und vermessen,
Doch hinterdrein den Zauberspruch vergessen,
Der streng die Elemente hält gebunden.

Ein tödlich Pulver, sagt man, zu erkunden,
Hat einst ein Mönch sich überklug vermessen,
Und als er eben recht darauf versessen,
Im Zauberdampf den eignen Tod gefunden.

So habt den Zeitgeist ihr gebraut, gemodelt,
Und wie so lustig dann der Brei gebrodelt,
Ihm eure Zaubersprüche zugejodelt.

Und da's nun gärt und schwillt und quillt – was
                                        Wunder,
Wenn platzend dieser Hexentopf jetzunder
Euch in die Lüfte sprengt mit allem Plunder!

IHR HABT ES JA NICHT ANDERS HABEN WOLLEN

Es fährt die Welt mit Dampf, die Meister grollen
Dem treuen Roß ob seinem trägen Schritte,
Und stacheln es, daß es den Zaum nicht litte,
Und stachelten, bis ihm der Kamm geschwollen.

O wunderschön: ein edles Roß im vollen
Kühnfreien Lauf durch grüner Wälder Mitte,
Lichtfunken sprühen hinter jedem Tritte,
Die Mähne flattert und die Augen rollen!

Was ruft ihr nun so ängstlich? Euren Winken
Hat es zum Ritt sich wieder stellen sollen?
Zu spät! Das Roß riß plötzlich aus zur Linken.

Ihr müßt zur Rechten hinterdrein jetzt hinken,
Da ist es nicht mehr Zeit, vornehm zu schmollen,
Ihr habt es ja nicht anders haben wollen.

III

KEIN PARDON

Hervor jetzt hinter euren rost'gen Gittern,
Heraus, ihr Schriftgelehrten, Hochmutstollen!
An euch ist der Posaunenruf erschollen,
Vor dem die Schlechten und Gerechten zittern.

Denn Deutschland dunkelt tief in Ungewittern,
Wo alle Quellen, Bäche, zorngeschwollen

Als Ströme donnernd von den Höhen rollen,
Und Blitze, was der Sturm verschont, zersplittern.

Die Ströme werden nimmer rückwärts stauen,
Die Blitze werden zielen nach den Kronen,
Die Stürme rastlos fegen durch die Gauen,

All' Türme brechend, wo die Stolzen wohnen,
Bis All' erkannt demütig in dem Grauen
Den *einen* König über allen Thronen.

IV

WILL'S GOTT!

Kein Zauberwort kann mehr den Ausspruch mildern,
Das sündengraue Alte ist gerichtet,
Da Gott nun selbst die Weltgeschichte dichtet
Und auf den Höhen zürnend Engel schildern:

Die Babel bricht mit ihren Götzenbildern
Ein junger Held, der mit dem Schwerte schlichtet,
Daß Stein auf Stein, ein Trümmerhauf, geschichtet,
Die Welt vergeht in schauerndem Verwildern.

Doch *eins*, das hastig alle übersehen,
Das Kreuz, bleibt auf den Trümmern einsam stehen;
Da sinkt ins Knie der Held, ein Arbeitsmüder,

Und vor dem Bild, das alle will versöhnen,
Legt er dereinst die blut'gen Waffen nieder
Und läßt den neuen Bau den freien Söhnen.

V

WER RETTET?

Es ist den frischen hellen Quellen eigen,
Was alt und faul, beherzt zu unterwühlen
Und Wasserkünste unversehns und Mühlen
Wild zu zerreißen, wenn die Fluten steigen.

Es liebt das Feuer frei emporzusteigen,
Verzehrend, die mit seinen Lohen spielen,
Es liebt der Sturm, was leicht, hinwegzuspülen,
Und bricht, was sich hochmütig nicht will neigen.

Sah'n wir den Herren nun in diesen Tagen
Ernstrichtend durch das deutsche Land geschritten,
Und Wogenrauschen hinter seinen Tritten,

Und Flammen aus dem schwanken Boden schlagen,
Empor sich ringelnd in des Sturmes Armen:
Wer rettet uns noch da, als Sein Erbarmen?

VI

DAS SCHIFF DER KIRCHE

Die alten Türme sah man längst schon wanken,
Was unsre Väter fromm gebaut, errungen,
Thron, Burg, Altar, es hat sie all' verschlungen
Ein wilder Strom entfesselter Gedanken.

Der wühlt sich breit und breiter ohne Schranken,
Ein Meer, wo zornigbäumend aufgeschwungen

Die trüben Fluten Fels um Fels bezwungen,
Und alle Rettungsufer rings versanken.

Doch drüberhin gewölbt ein Friedensbogen,
Wohin nicht reichen die empörten Wogen,
Und unter ihm ein Schiff dahingezogen,

Das weiß nichts von der Wasser wüstem Branden,
Das macht der Stürme Wirbeltanz zuschanden –
O Herr, da laß uns alle selig landen!

VII
DER WELSCHE HAHN

Es rief der der welsche Hahn
Und schlug mit seinen Flügeln,
Da hebt's zu krähen an
Auf allen deutschen Hügeln.
Den neuen Tag bricht an
Der Herr auf allen Höhen;
Da will der Hahn sich blähen
Und meint, *er* hätt's getan
Mit seinem heisern Krähen.

VIII
SPRUCH

Magst du zu dem Alten halten
Oder Altes neu gestalten,
Mein's nur *treu* und laß Gott walten!

IX

FAMILIENÄHNLICHKEIT

Zwei Arten von Getieren,
Nach *einem* Schliff geschliffen:
Aufwarten, apportieren,
So wie der Herr gepfiffen.

Wo zwei zusammenlaufen,
Zaust einer dem andern die Ohren,
Und all' zusammen raufen
Den Bruder, der verloren.

Die einen nennt man Hunde,
Die andern heißen Deutsche.
'S ist einerlei im Grunde,
Und beiden gebührt die Peitsche.

DER FREIHEIT WIEDERKEHR

I.

Um mich wogt es wie ein Meer,
Fast wie in vergangnen Tagen,
Da die Wälder ringsumher
Rauschten von uralten Sagen.

Dort blitzt's auf, das ist der Rhein,
Wo sich zwischen Rebenhügeln

Bei dem glühen Morgenschein
Burgen in den Fluten spiegeln.

Sei gegrüßt, du schöner Strom!
Brüderlich wob seine Äste
Damals deiner Wälder Dom
Dir zum Schutz und Trutz als Veste,

Als der Römer-Adler flog
Und ich flüchtet' vor dem Volke,
Das den Erdkreis überzog,
Eine Zornes-Wetterwolke;

Das einst kühn nach Heldenart,
Mit dem Schwert die Welt gemessen,
Doch geworden stolz und hart,
Seit es meiner hatt' vergessen.

Hinter mir in Schmach und Tod
Sah ich da die Länder dunkeln,
Vor mir frisches Morgenrot
Rings von deinen Bergen funkeln.

Freudig zog ich zu dir hin,
Bracht' dir aller Länder Kronen,
Bis auch du in blödem Sinn
Mir's nicht länger mochtest lohnen.

Jetzt nach langer banger Fahrt,
Hab ich wieder dich gefunden,

Und es grüßt nach Landesart,
Mich die ganze weite Runde.

Feuerzeichen steigen auf,
Von den Gipfeln ringsum schallt es,
Und zum Willkomm mir herauf
Rauscht der Rhein und widerhallt es.

Und von Berg zu Bergeswand,
Weit hinab durch alle Gaue
Segn' ich dich, du deutsches Land,
Dem ich wieder mich vertraue.

2.

Geht ein Klingen in den Lüften,
Aus der Tiefe rauscht der Fluß,
Quellen stürzen von den Klüften,
Bringen ihr der Höhen Gruß.

Denn es naht in Morgenblitzen
Eine hohe Frau zu Roß,
Als wär' mit den Felsenspitzen
Das Gebirge dort ihr Schloß.

Und die grauen Schatten sinken,
Wie sie durch die Dämm'rung bricht,
Und die Kreaturen trinken
Durstend alle wieder Licht.

Ja, sie ist's, die wir da schauen,
Unsre Königin im Tal,
Holde Freiheit, schöne Frauen,
Grüß dich Gott viel tausendmal!

LIBERTAS' KLAGE

Weh' du Land, das keck mich bannte,
Und da ich zu dir mich wandte,
Mich blödsinnig nicht erkannte;

Wo aus Trümmern nun die blassen
Geister stieren: Stolz und Hassen,
Brüder sich ingrimmig fassen.

Habt ihr euch von dem gewendet,
Der barmherzig mich gesendet,
Wird in Schmach die Ehr' geendet.

Wer will meinen Banner schwingen,
Muß erst mit dem Teufel ringen,
Der ihn selber hält in Schlingen.

Wer so kühn, um mich zu werben,
Zage nicht, für mich zu sterben,
Um das Himmelreich zu erben,

Liebe nicht, nach andern lugend,
Denn ich bin des Herzens Jugend
Und der Völker strenge Tugend.

Bin die Lebensluft der Höhen,
Wo der Atem mag vergehen
Allen, die zur Tiefe sehen,

Flamme, schlank emporgelodert,
Die in Zornesmut, was modert,
Sengend zu Gerichte fodert.

'S war ein mächt'ger Wald da droben,
Treulich Stamm in Stamm verwoben,
Mir zum grünen Dom erhoben.

Weh', du schönes Land der Eichen!
Bruderzwist schon, den todbleichen,
Seh' ich mit der Mordaxt schleichen.

Und in künft'gen öden Tagen
Werden nur verworrne Sagen
Um den deutschen Wald noch klagen.

AN MEINEM GEBURTSTAGE

1850

Sonnenglanz lag überm Garten,
Warm und herrlich aufgetan
Lenz und Licht des Reisleins harrten,
Daß es wuchs zum Himmel an.

Wie die Blätter ringsum glühten
In der frohen Morgenzeit!

Alle Zweige voller Blüten,
Vögel sangen weit und breit.

Mittag kam, die Blätter hingen,
In den Wipfeln säuselt's kaum,
Wetter stiegen auf und gingen,
Stumm erwartend stand der Baum.

Jetzo sinkt die Abendröte,
Blüte fällt, es schweigt der Sang,
Und ich rausch' wie im Gebete
Mit den Zweigen: Gott sei Dank!

DIE ZEIT GEHT SCHNELL

Lieb' Vöglein, vor Blüten
Sieht man dich kaum.
Im dämmernd beglühten
Flüsternden Baum,
Wann in Morgenfunken
Sprüh'n Täler und Quell,
Singst du frühlingstrunken –
Aber die Zeit geht schnell.

Wie balde muß lassen
Seine Blätter der Wald,
Die Blumen erblassen,
Die Gegend wird alt,
Erstarrt ist im Eise
Der muntere Quell –

Rüst’ die Flügel zur Reise,
Denn die Zeit geht schnell!

PRINZ ROCCOCCO

Prinz Roccocco, hast dir Gassen
Abgezirkelt fein von Bäumen
Und die Bäume scheren lassen,
Daß sie nicht vom Wald mehr träumen.

Wo sonst nur gemein Gefieder
Ließ sein bäurisch Lied erschallen,
Muß ein Papagei jetzt bieder:
Vivat Prinz Roccocco! lallen.

Quellen, die sich unterfingen,
Durch die Waldesnacht zu tosen.
Läss’st du als Fontainen springen
Und mit goldnen Bällen kosen.

Und bei ihrem sanften Rauschen
Geht Damöt bebändert flöten,
Und in Rosenhecken lauschen
Daphnen frommentzückt Damöten.

*

Prinz Roccocco, Prinz Roccocco,
Laß dir raten, sei nicht dumm!
In den Bäumen, wie in Träumen,
Gehen Frühlingslüfte um.

Springbrunn in dem Marmorbecken
Singt ein wunderbares Lied,
Deine Taxusbäume recken
Sehnend sich aus Reih' und Glied.

Daphne mag nicht weiter schweifen
Und Damöt erschrocken schmält,
Können beide nicht begreifen,
Was sich da der Wald erzählt.

Laß die Wälder ungeschoren,
Anders rauscht's, als du gedacht.
Sie sind mit dem Lenz verschworen,
Und der Lenz kommt über Nacht.

DER VERSPÄTETE WANDRER

Wo werd' ich sein im künft'gen Lenze?
So frug ich sonst wohl, wenn beim Hüteschwingen
In's Tal wir ließen unser Lied erklingen,
Denn jeder Wipfel bot mir frische Kränze.

Ich wußte nur, daß rings der Frühling glänze,
Daß nach dem Meer die Ströme funkelnd gingen,
Von fernem Wunderland die Vögel singen,
Da hatt' das Morgenrot noch keine Grenze.

Jetzt aber wird's schon Abend, alle Lieben
Sind wandermüde längst zurückgeblieben,
Die Nachtluft rauscht durch meine welken Kränze,

Und heimwärts rufen mich die Abendglocken,
Und in der Einsamkeit frag' ich erschrocken:
Wo werd' ich sein im künft'gen Lenze?

MAHNUNG

Was blieb dir nun nach allen Müh und Plagen?
So viel der Ehre dir die Welt gespendet,
Es treibt vom stolzen Ziele, kaum geendet,
Nach neuem Ziel dich neues Unbehagen.

Hättst du zu ihm, von dem die Himmel sagen,
Den kleinsten Teil der Liebe nur gewendet,
Die du an eitel Hoffart hast verschwendet,
Du würdest jetzt nicht rettungslos verzagen.

Wohl liebt die Welt, den Günstling zu erheben,
Doch wenn du glaubst, im Siegesschmuck zu prangen,
Sind's Ketten nur, die rasselnd dich umfangen.

Laß, eh's zu spät, von dem verlornen Leben;
Gott wartet deiner noch, in seinen Armen,
Da find'st du, was die Welt nicht kennt, Erbarmen.

Wie Du auch die Kraft magst wenden;
Was die tiefste Seele will,
Niemals wirst Du's hier vollenden
Und die Sehnsucht wird nicht still.

NACHWORT

»Am besten aber läge dieser Band auf dem Clavier des Liebhabers oder Meisters der Tonkunst, um den darin enthaltenen Liedern entweder mit bekannten hergebrachten Melodien ganz ihr Recht widerfahren zu lassen, oder ihnen schickliche Weisen anzuschmiegen, oder, wenn Gott wollte, neue bedeutende Melodien durch sie hervorzulocken.

Würden dann diese Lieder, nach und nach, in ihrem eigenen Ton- und Klangelemente von Ohr zu Ohr, von Mund zu Mund getragen, kehrten sie, allmälich, belebt und verherrlicht, zum Volke zurück, von dem sie zum Theil gewissermaßen ausgegangen: so könnte man sagen, das Büchlein habe seine Bestimmung erfüllt, und könne nun wieder, als geschrieben und gedruckt, verloren gehen, weil es in Leben und Bildung der Nation übergegangen.«

Mit diesen Worten beschreibt Goethe den Weg des romantischen Kunstvolksliedes in der deutschen Lyrik des 19. Jahrhunderts. Die von den Romantikern Achim von Arnim und Clemens Brentano 1805 bis 1808 zusammengestellte Sammlung »Des Knaben Wunderhorn«, derem ersten Band die lobenden Worte Goethes (in der »Jenaischen Allgemeinen Literatur-Zeitung« von 1806) galten, erreichte die erhoffte Popularität nur über erneute Bearbeitungen und Vertonungen. Die Lyrik Eichendorffs ist ein wichtiges Glied in dieser Rezeptionskette. Die bekanntesten seiner im Volksliedton gedichteten Texte erreichten ihre große Resonanz über den Gesang: »... große Erfolge errangen die zahlreichen Liedertafeln und Gesangvereine mit den einschmeichelnden lyrischen Ergüssen ›Wem Gott will rechte Gunst erweisen‹, von der grünen Waldeinsamkeit ›mit dem wunderbaren Schweigen, als ging der Herr durchs stille Feld‹, mit den in prächtiger Nacht den kühlen Grund verschlafen durchirrenden Bächlein! Wahre Volkslieder, die auf den Flügeln des Gesanges von Mund zu Mund gingen, bis man endlich anfing, auch nach dem Dichter dieser ›wundersamen Weisen‹ zu fragen, ‹...›. Auf Mendelssohns sicheren Spuren gingen wir blutjungen Gesellen ‹...› diesen ätherischen Klängen nach und entdeckten den auf den Texten und Programmen fehlenden Namen Eichendorffs und damit seine Gedichte und Werke.« Auf diese Art und Weise, wie sie hier Hyazinth Holland (1827–1928) rückblickend 1907 beschreibt, sind zahlreiche Gedichte Eichendorffs in den Bestand der Lieder eingegangen, die bis heute fast jeder Deutsche kennt. Alle bekannten deutschen Liedkomponisten des 19. Jahrhunderts haben Texte von ihm vertont: Johannes Brahms, Robert Schumann und Felix Mendelssohn-Bartholdy verdanken wir Melodien zu Eichendorff-Liedern. Die Impulse für die Verbreitung seiner Gedichte gingen von der Männergesangsbewegung des 19. und der Jugendbewegung am Anfang des 20. Jahrhunderts aus. Das Lied *Der Jäger Abschied*, das Felix Mendelssohn-Bartholdy 1840 für vierstimmigen Männerchor – für die »beiden Liedertafeln in Leipzig«, wie es im Titel heißt – komponiert hatte, galt bereits 1855 als Krone des »volksmäßigen Männergesangs«. Mit dieser Melodie ging es in das »Allgemeine

Deutsche Commersbuch« ein, wo es in die Abteilung »Volkslieder« eingeordnet ist.

Eichendorff, der in Danzig und Berlin selbst Mitglied von »Liedertafeln« war, wertet die volkstümliche Aufnahme seiner Lieder im Gesang als großen Erfolg, da er ähnliche Vorstellungen von einer Wiederbelebung der Volksliedkunst hat wie die »Wunderhorn«-Sammler und ihr Rezensent. Ausführlich beschreibt er in dem Gedicht *Die Heymonskinder* (vgl. S. 126), wie Dichter, Komponist und Sänger unter Assistenz von Bacchus gemeinsam auf einem Rosse reiten, um poetischen Schwung zu gewinnen.

Und wie sie nun alle beisammen sind,
Hebt's sachte die seligen Leut',
Es wachsen dem Rosse zwei Schwingen geschwind,
Und überfliegen die Zeit.

Eichendorffs Gedichttexte sind im Sinne dieser Ästhetik – die genau Goethes Vorstellungen entspricht – als sangbare, leicht in Strophenform vertonbare Texte konzipiert. Sie sind in ihren syntaktischen und metrischen Strukturen und ihrer Bilderwelt leicht überschaubar und orientieren sich an einer Gruppe von Liedern aus dem »Wunderhorn«.

Von seinem schon zu Lebzeiten bekanntesten Lied (*In einem kühlen Grunde*; vgl. S. 47), das in einer Vertonung von Friedrich Glück die Liedersammlungen (unter Einschluß des Commersbuchs) eroberte, schickte er 1838 dem Erbprinzen von Sachsen-Coburg-Gotha eine Abschrift und merkte stolz an, daß man dem »Liedchen <...> vielfach die Ehre angetan, es für ein Volkslied zu halten und das also wohl nicht das Schlechteste sein kann«. Auch Mendelssohn zeigte sich begeistert, als er bei einem flämisch-deutschen Sängerfest in Köln *Der Jäger Abschied* hörte. Seiner Schwester Fanny berichtete er: »wie die große Mehrzahl von den zweitausend Sängern mein Volkslied auswendig anstimmten, war mir's auch eine sehr frohe Empfindung«.

Die Popularisierung der Eichendorff-Lieder in Männerchören, Studentenkneipen und Jugendbewegung geht allerdings mit einer Einengung und Simplifizierung des Eichendorff-Verständnisses einher, die erst durch interpretatorische Anstrengungen der Germanistik nach dem Zweiten Weltkrieg allmählich abgebaut werden konnten. Als nationalen Heimat- und Wanderdichter, dessen Gedichte nichts weiter als ein leicht nachvollziehbares Naturgefühl versinnlichen oder eine unbestimmte musikalische Stimmung evozieren, wurde der aus Schlesien stammende Dichter durchaus mißverstanden. Am Ende des skizzierten Rezeptionsstranges steht der Mißbrauch von Eichendorff-Texten im Dritten Reich. Mit dem Lied »Wem Gott will rechte Gunst erweisen« zieht die Hitlerjugend in einem Nazi-Propaganda-Film des Jahres 1932 in die Berge. Dem »Dichter des romantischen Waldes der deutschen Sehnsucht« widmete der Gauleiter und Reichsjugendführer Baldur von Schirach im Jahre 1942 eine (im Eichendorff-Jahrbuch ›Aurora‹ 1943 publizierte) Rede, die mit den Worten schließt: »Der Wälder sind viele im weiten Deutschen Reich, aber es gibt nur einen deutschen Wald, den des Joseph Freiherrn von Eichendorff.«

Die Texte Eichendorffs erlauben solche »Deutungen«

nur, wenn man sie aus dem historischen Zusammenhang herauslöst. Wohl finden wir in seiner Lyrik den »deutschen Wald« als Symbol einer festen Verbrüderung, aber seine patriotischen Lieder gehören in den Zusammenhang der Befreiungskriege, in denen sich die einzelnen deutschen Kleinstaaten – oder genauer: deren Bevölkerung im Gegensatz zu den eher opportunistischen Monarchen – gegen die Übermacht Napoleons wehrten. Eichendorffs Wendung »Gleichwie die Stämme in dem Wald / Woll'n wir zusammenhalten« etwa bezieht sich auf den tapferen Kampf der Tiroler gegen die übermächtigen französischen und bayerischen Truppen im Jahre 1808. Der Aufstand unter Führung von Andreas Hofer wurde von den Romantikern gefeiert, weil hier »das alte Recht« einer Urzeit wieder lebendig zu werden schien und sich die Rückbesinnung auf die eigne Tradition und ihre Verwurzelung in der Natur manifestierte. Für das Geschichtsdenken der Frühromantik, wie es bereits bei Novalis und den Brüdern Schlegel um 1800 ausformuliert war, ist ein geschichtsphilosophisches Modell prägend, das eine goldene Urzeit annimmt, in der Mensch und Natur noch harmonisch vereint waren. Die Gegenwart steht dagegen unter dem Zeichen der Vereinzelung und Lieblosigkeit, während in der Zukunft, die aus der Begegnung mit der Vergangenheit ihre Kräfte schöpfen soll, eine neue Morgenröte erwartet wird. In dem Aufstand der Tiroler und den dann einsetzenden Befreiungskriegen sahen die Romantiker Ansätze zur Verwirklichung ihrer Utopien.

Zu der nationalen Begeisterung, die sich nicht nur in einzelnen Liedern zeigt, sondern auch dazu führt, daß

Eichendorff 1813 gemeinsam mit seinem Freund Philipp Veit aus Wien zu den »Lützower Jägern« (einem Freikorps, das zum großen Teil aus Intellektuellen bestand) aufbrach, gewann er bald wieder Distanz. Seine Stanzen *An die Freunde (Es löste Gott das lang verhaltne Brausen... und unser ist der Rhein!;* S. 94) aus dem Jahre 1814 nahm er in die Sammelausgaben seiner Lyrik nicht auf. An seinem Geschichtsdenken, das auch das Naturverständnis mitbestimmt, hielt er jedoch fest. Alle seine Dichtungen versuchen, die in den geheimnisvollen Stimmen der Natur noch gegenwärtigen Zeichen der paradiesischen »alten Zeit« sinnlich erfahrbar zu machen, um sie im Bewußtsein des Lesers oder Hörers wieder zu erwecken. Das vielzitierte Lied, das in allen Dingen schläft (vgl. S. 155), ist eine verschlüsselte Botschaft aus dieser Zeit. Die Burgen berichten davon, das Rauschen des Waldes, die Brunnen und Quellen. Nur der Dichter kann diese Töne noch verstehen; seine Aufgabe ist es, diese vergessene Welt wieder zu vergegenwärtigen, in verbale Musik zu verwandeln, um einen Weg aus der »Vereinzelung« der Gegenwart zu weisen.

Auch der Poet kann jedoch die Lösung nur finden, wenn er die Zeichen der Natur im Sinne der christlichen Lehre versteht und deutet. Die Verführung durch einen trügerischen Frühling, in dem die Kräfte der heidnischen Venus wieder erwachen, ist ein Leitthema der Dichtung, das besonders die Novelle *Das Marmorbild* und verwandte Gedichte durchzieht. Nur wenn die Erneuerung des Frühlings als Sinnbild der Auferstehung begriffen wird, wenn die christliche Maria mit dem Jesuskind an die Stelle der heidnischen Venus tritt, verliert die Natur ihren dämonischen Charakter. Der Frühling wird zum Sinnbild der Erneuerung und Auferstehung im christlichen Sinne.

Eine ähnliche Deutung erfahren auch die anderen Naturbilder in Eichendorffs Lyrik: Der Wald strebt dem Himmel entgegen und zeigt damit ebenso wie die aufsteigende Lerche »das rechte Tun und Lieben«, das für den Menschen Vorbild sein sollte. Das Wandern, das bei Eichendorff stets auch Sinnbild der Lebensreise ist, führt nur dann zu einem sinnvollen Ziel, wenn es diese Fingerzeige Gottes in der Natur versteht und sich an der Wendung zum Himmel orientiert. Die zwei Gesellen, deren Lebensweg Eichendorff in seinem bekannten Lied skizziert (vgl. S. 106), haben nur Hoffnung, wenn sie sich der Gebetsformel am Gedichtschluß (»Ach Gott! Führ uns liebreich zu dir!«) unterordnen. Der Weg in die bürgerliche Ordnung (» . . . und wiegte gar bald ein Bübchen«) ist ebenso gefährlich wie die Auslieferung an ein pantheistisches Naturgefühl (»dem sangen tausend Stimmen und logen«). Hoffnung bietet bei Eichendorff allein die Anerkennung der christlich-katholischen Weltordnung, die sich vielfältig in den Gesetzen der Natur spiegelt und als Norm verinnerlicht werden muß.

In den Zusammenhang dieser lyrischen Bilder, die man wegen ihrer häufigen Wiederholung in Eichendorffs Dichtung »lyrische Formeln« genannt hat, gehört auch die Heimat. Das verkürzte Eichendorff-Verständnis der Gesangvereine und folkloristisch-nationalen Eichendorff-Verehrer bringt die Vorstellung der Heimat mit dem schlesischen Schloß Lubowitz in Verbindung, in dem Joseph von Eichendorff gemeinsam mit dem Bru-

der Wilhelm eine paradiesisch anmutende Kindheit ver-
brachte. Das bekannte Lied *Abschied* (vgl. S. 162) und
mehrere Gedichte an den Bruder (vgl. S. 92, 142 ff.)
nehmen auch Bezug auf diese topographische Heimat
mit Schloß und Garten. Das genannte Gedicht trug in
den ersten handschriftlichen Fassungen sogar den Titel
An den Hasengarten (vgl. S. 54) und bezeichnet damit
einen Teil des Gartens im elterlichen Besitz, der lei-
der noch zu Lebzeiten der Brüder zwangsversteigert
werden mußte. Es ist jedoch bezeichnend, daß Eichen-
dorff den Titel des autobiographisch inspirierten Ge-
dichts mehrfach änderte und auch eine persönlich
gefaßte Strophe bei den späteren Publikationen wegließ.
Der Text wird im Druck zunächst überschrieben *Im
Walde bei L. [Lubowitz]*, dann *Im Walde der Heimat*, dann
nur noch *Im Walde* und schließlich *Abschied*. Der Schluß
der gedruckten Fassung mit seiner Wendung an die gött-
liche Instanz (»deines Ernsts Gewalt«) macht deutlich,
was schon in der ersten Strophe in der Anspielung auf
die Auferstehung anklingt: Der Weg der Lebenswande-
rung führt nicht zurück zu jener topographischen Hei-
mat in Schlesien, sondern zu dem transzendenten
Ursprung des Menschen, den Eichendorff auch in sei-
nem Gedicht *Von Engeln und von Bengeln* (S. 118) be-
schreibt. Diese Bedeutung der Heimat ist schon für die
frühen Gedichte Eichendorffs konstituierend, denn er
sieht sich als Kreuzritter, Minnesänger oder Wallfahrer.
Es gehört zu den Kennzeichen der Loeben-Gruppe
(einer Gruppe, der er sich als Student in Heidelberg
anschloß), daß sie den Dichter in eine christliche Tradi-
tion stellt, und bei aller Affinität zu schwüler Erotik

doch die Kunstübung als ein Opfer versteht, das der christlichen Maria gilt.

Diese religiöse Dimension des Heimatbegriffes, die dann in der reifen Lyrik immer deutlicher hervortritt, ist die Ursache der tiefen Wehmut, die fast alle Dichtungen Eichendorffs überschattet. Sehnsucht und Schauer sind nicht als Heimweh nach Schlesien zu deuten, sondern resultieren aus einer tiefgründigen Trauer um den Verlust des Paradieses. Kindheit und Kindlichkeit, die in diesem Kontext beschworen werden, sind im romantischen Sinne Abbilder jener ursprünglichen Kindheit der Menschheit, die auf das christliche Paradies zurückweist.

Eichendorff hat seine frühen Dichtungen, die im Dichterbund des Isidorus orientalis (wie sich Graf Loeben nannte) in Heidelberg in den Jahren 1806 bis 1808 entstanden, später sehr distanziert betrachtet. Bereits in seinem Roman *Ahnung und Gegenwart* beschreibt er seinen Freund als »schmachtenden Dichter«, der bei einer »eßtheetischen« (sic!) Teestunde der Wirtin den Hof macht und allen Moden der Zeit folgt. In seinen autobiographischen Schriften versucht er, die Bedeutung seiner Freundschaft zu Loeben herunterzuspielen und statt dessen einen engen Bezug zur Heidelberger Romantik mit ihrem Dreigestirn Görres, Arnim und Brentano herzustellen. Die frühen Dichtungen, von denen hier zum erstenmal in chronologischer Folge einige charakteristische Proben geboten werden, belegen jedoch, daß die Gruppe um Loeben zunächst auf den Schlegel-Tieck-Kreis bezogen war und die im »Wunderhorn« kulminierenden Intentionen der Heidelberger Romantik gar nicht wahrnahm. Loeben und Eichendorff versuchten Novalis und seinen Brüdern sowie den Brüdern Schlegel nachzueifern und schrieben Sonette, Kanzonen, Variationen (Glossen), Terzinen und Romanzen. Die Renaissance dieser aus der spanischen und italienischen Tradition entstammenden Formen, die – mit Ausnahme des Sonetts und der Romanze – keinen Anklang bei Arnim und Brentano fanden, gehörte seit dem ›Athenaeum‹ zum Programm der Frühromantik. Die Formen des Volkslieds, die das »Wunderhorn« anbot, wurden im Loeben-Kreis zunächst kaum beachtet. Eine Reihe von Publikationen aus dem Schlegel-Tieck-Kreis war kurz zuvor erschienen und diente den Brüdern Eichendorff als Vorbild. Sie enthalten heute vergessene lyrische Dichtungen von Tieck, den Brüdern Schlegel und den Brüdern des verstorbenen Novalis, dessen experimentelle, revolutionäre Poetik jedoch gänzlich ignoriert wird. In diesem Umfeld entsteht eine erotisch-verkrampfte Marienlyrik und eine schwärmerisch-narzißtische Naturlyrik, die heute zu Recht vergessen ist. Eine Publikation aus diesem postumen Novalis-Kreis ist noch 1810 in Berlin für Eichendorff maßgeblich, denn Clemens Brentano weiß in einem Brief an Wilhelm Grimm zu berichten, daß der von Karl Gottlob Albrecht von Hardenberg (einem Bruder von Novalis) herausgebene *Dichter-Garten* (1807) Vorbild der Brüder Eichendorff ist: »Auf ihrem Tisch liegt Rostorfs Dichtergarten und Görres' Schriftproben, und dazwischen brennen zwei Rauchkerzen, weil es so ungeheuer stinkt, daß selbst die Violen, erster Gang des Dichtergartens, nicht zu riechen sind; doch das sind ja Hundsviolen, die riechen nicht, und die Herrn von Eichendorff scheinen gute Baurenviolen herumzulegen.« Brentanos skurriler Vergleich, der einen Untertitel (»Violen«) des Bändchens aufnimmt, verdeutlicht, daß Eichendorff sich mit eher volkstümlicher ›bäurischer‹ Dichtung von dem Einfluß der narzißtischen Lyrik des Rostorf-Kreises allmählich freimacht. Auch Loeben scheint diesen Weg zu gehen, denn Brentano bemerkt im gleichen Brief: »alle seine mystische Poesie hat er plötzlich als einen Irrtum und Nachahmerei des Novalis erklärt und dadurch seine abwesenden Freunde, welche ihn noch hie und da, als des Novalis zweiten Teeaufguß, anbeten, treulos kompromittiert«.

Den Lösungsprozeß von der »Nachahmerei des Novalis« zu einer Lyrik in der Tradition des »Wunderhorn«, bei der die religiöse Intention doch nicht verlorengeht, läßt sich durch die chronologische Anordnung der Gedichte zum erstenmal nachvollziehen. Lange Zeit hatte man die These vertreten, Eichendorff sei ein Lyriker ohne Entwicklung, sein lyrischer Formelschatz sei statisch und zeige eine gleichsam zeitenthobene Dichtung, die allein aus ihrer Musikalität lebe. Genährt wurde diese These durch die Publikationspraxis von Eichendorff selbst. Erst im Jahre 1837 – mehr als eine Generation nach der Heidelberger Romantik – veröffentlichte er eine Sammelausgabe seiner Lyrik, was ihm den Ruf des Zuspätgeborenen, des »letzten Romantikers« einbrachte. Einzelne Gedichte waren im Kontext der Romane und Erzählungen oder als Einzeldrucke in literarischen Zeitschriften schon Jahrzehnte vorher erschienen. Manche Gedichte der frühen Zeit wurden 1837 zum erstenmal publiziert. Aus der Retrospektive ordnet der Lyriker sein Œuvre, selektiert die Gedichte, die ihm noch bedeutend erscheinen. Dabei glättet er die frühen Texte oder sondert sie ganz aus. Selbst die Überschriften der kleinen Zyklen lassen die gewonnene Distanz erkennen: »Jugendandacht« heißt eine Gruppe, »Anklänge« eine andere. Was sich unter diesen Titeln verbirgt, sind Lieder aus verschiedenen Lebensstufen, die unter thematischen Gesichtspunkten angeordnet und oft überarbeitet sind. So entsteht das Bild eines reifen, entwicklungslosen Dichters, der alles zu einer harmonischen Einheit zu verbinden vermag. Dabei ist nach wie vor umstritten, ob er diese Edition tatsächlich bis in alle Einzelheiten selbst gestaltet hat. Ein kundiger Freund half bei der Zusammenstellung der Gedichte und den Korrekturen, und in welchem Maße Eichendorff selbst eingriff und kontrollierte, ist heute nicht mehr zu klären. Dennoch wurde die Edition und der etwas erweiterte Lyrik-Band der Werkausgabe von 1841 zum Modell für alle Eichendorff-Editionen. Es steht zwar außer Frage, daß die Aussonderung der meisten Gedichte aus der Loeben-Zeit unter dem Aspekt der Qualität durchaus sinnvoll ist. Doch ist der Einblick in den Werdegang des Dichters – gerade bei dem lange Zeit getrübten Eichendorff-Bild – erhellend, und das Datierungs-Risiko, das bei einer chronologischen Anordnung zwangsläufig entsteht, ist zu rechtfertigen, weil der Leser die Eichendorff-Lieder in neuem Kontext vollkommen anders wahrnimmt. Die Gedichte werden deshalb in dieser Ausgabe konsequent in chronologischer Folge nach der Entstehung in der Fassung der ersten separaten Publikation wiedergegeben. Sofern

Eichendorff dem Text später einen anderen Titel gegeben hat, ist dieser in den Erläuterungen angeführt und im Register aufgenommen.

Nur wenige Gedichte Eichendorffs sind in der Handschrift oder in einem Untertitel datiert. In den meisten Fällen muß aus dem Publikationsdatum oder stilistischen und inhaltlichen Kriterien eine Datierung versucht werden. Für die frühen Gedichte ist die Ausgangslage dafür seit jüngster Zeit wieder günstiger. Ein größerer Bestand an Gedicht-Handschriften aus dem Loeben-Nachlaß, der lange Zeit verschollen war, konnte vom Freien Deutschen Hochstift (Frankfurter Goethe-Museum) erworben werden und ist nun wieder zugänglich. Mit Dank möchte ich vermerken, daß mir die Einsicht in diese Neuerwerbung gestattet wurde. Eine ausführliche Begründung der Datierung einzelner Gedichte und zusätzliche Erläuterungen, die auf der Auswertung dieses Nachlasses beruhen, finden sich in der im Deutschen Klassiker Verlag erschienenen Edition von 1987, die eine vollständige Sammlung in chronologischer Folge bietet.

Die Auswahl des vorliegenden Bandes ist nicht allein von Qualitätskriterien bestimmt, sondern versucht einen möglichst repräsentativen Querschnitt durch das lyrische Werk Eichendorffs zu geben. So wurde sogar eine kleine Auswahl an Schülergedichten einbezogen, die zeigen, welche Muster den Brüdern Eichendorff beim Besuch des Gymnasiums in Breslau vorgestellt wurden. Wichtiger als diese ersten Fingerübungen sind die Gedichte aus der Heidelberger, Berliner und Wiener Zeit. In dieser Epoche entwickelt Eichendorff allmählich seinen eigenen Stil, der sich dadurch auszeichnet, daß die Motive und Versstrukturen des romantischen ›Volkslieds‹ unter dem Einfluß der »Wunderhorn«-Rezeption verfeinert und vertieft werden. Eichendorff entfaltet einen lyrischen Formel-Schatz, der sich an die Motive des Volkslieds (mit der Jagd, dem Wald, der Mühle, den Gesellen, Mädchen, Brunnen und Gärten) anlehnt, aber zugleich eine symbolische Dimension erhält. Der formelhaft wiederholten Wendung, die im jeweiligen Kontext immer neue Bedeutungskomponenten freisetzt, haftet etwas Magisches an, sie stellt die Verbindung zu den archetypischen Schichten her, wie wir sie aus Träumen und Mythen kennen. Eichendorff ist nicht der Landschaftsmaler, der differenziert individuelle Landschaften wiedergibt: Er sieht die Natur als Zeichen einer unveränderlichen göttlichen Ordnung, zu der der Zugang verschüttet ist. Seine Landschaft hat eine mythologische, geschichtsphilosophische und theologische Komponente und ist gerade deshalb reduziert auf wenige Grundmuster. Richard Alewyn hat diese Zusammenhänge in seinen Beiträgen über »Eichendorffs Symbolismus« (in: »Probleme und Gestalten«, Frankfurt 1974) und »Eine Landschaft Eichendorffs« (in: Euphorion 1957) dargestellt. Seine Publikationen wurden Ausgangspunkt eines neuen Eichendorff-Verständnisses, das die komplexen Tiefen-Strukturen dieser Lyrik hervorhebt, ohne dabei ihre volkstümliche Schlichtheit und Emotionalität zu leugnen.

Hartwig Schultz

ERLÄUTERUNGEN

JUGENDGEDICHTE (1800–1805)

9–14   Die aus der Breslauer Schulzeit erhaltenen Gedichte
Eichendorffs veröffentlichte Hilda Schulhof 1915 nach den
Handschriften (Eichendorffs Jugendgedichte aus seiner Schul-
zeit, Prag). *An einen Städter* entstand vermutlich 1802, *Die
Entstehung der Augensprache* ein Jahr später. Das Gedicht *Mei-
nem: Jacob Müller* (das hier in seiner kurzen ersten Fassung
geboten wird) gilt einem Schulfreund, mit dem Eichendorff
gemeinsam Homer gelesen und übersetzt hatte. Jacob Müller
starb an Tuberkulose am 17. 2. 1804. Die Ode *Liebe* ist vermut-
lich an Eichendorffs Jugendliebe, die »schöne Morgenröte
eines noch schöneren Tages, die kleine Dem<oiselle> Pitsch«
gerichtet, die der Dichter im Herbst 1804 kennengelernt hatte.
Wer der »Unedle von Adel« war, dem das in mehreren Fas-
sungen überlieferte Gedicht *An einen Unedlen von Adel* ins
Gewissen redet, ist nicht bekannt. Die letzte, hier abgedruckte
Fassung entstand 1805 und zeigt deutlich, daß Eichendorff
um diese Zeit noch für die Ideale der Französischen Revolu-
tion schwärmte. Das Sonett *Sonst und Jetzt* ist vermut-
lich bereits nach Abschluß der Schulzeit entstanden. Am 30.
April 1805 begaben sich die Brüder Eichendorff nach Halle,
einer Hochburg romantischer Ideen. Während die Schülerge-
dichte von Vorbildern geprägt sind, die zum Lehrstoff der
Schule gehörten, also der Lyrik der Anakreontik, der Aufklä-
rung und Empfindsamkeit, sowie klassischen Formen ver-
pflichtet sind, ist hier möglicherweise bereits ein romantischer
Einfluß wirksam. Die Renaissance der Sonettform gehört zu
den Zielen der Romantik, und die Tagebucheintragungen Ei-

chendorffs belegen, daß er bereits in Halle Novalis und Tieck las.

1807–1810

15 *»In wildem Wechsel treibt das flüchtge Leben«:* Die Anfangsbuchstaben der Verse ergeben den Namen *J*oseph *B*enedikt von *Eichendorff*. Das kunstvolle Gelegenheitsgedicht, von dem Eichendorff später eine zweite Fassung mit festgelegten Reimwörtern schrieb (vgl. BDK S. 100), verfaßte er für das Stammbuch von Frau Hahmann. Die Brüder Eichendorff hatten eine schwärmerische Verehrung für die verheiratete Benigna Sophie Amalie Hahmann (1774–1848) aus der Nachbarschaft der Eichendorffschen Güter gefaßt. Die Verse sind »Lubowitz, den 1ten Mai 1807« in ihr Stammbuch geschrieben.

Beim Erwachen: Auch dieses Gedicht richtet sich an M[adame] Hahmann.

16 *Sehnsucht:* Nach dem Tagebuch Eichendorffs bildet dieses Gedicht die »Eröffnung« in der Freundschaft mit dem Grafen Loeben, der sich den Dichternamen Isidorus orientalis gegeben hatte. Demnach wäre es am 4. 1. 1808 in Heidelberg, dem zweiten Studienort der Brüder, übergeben worden.

17 *Variazion:* Die Glosse (ED: AZ 1810), bei der sich nach der Vorschrift die vier Verse der Themastrophe am Schluß der Variationsstrophen wiederholen, knüpft in Form und Stimmung an die Vorbilder im Tieck-Schlegel-Kreis an.

18 *Antwort:* Im Heidelberger Loeben-Kreis, der nur eine lose Verbindung zu dem Kern der Heidelberger Gruppe um Joseph Görres, Clemens Brentano und Achim von Arnim hatte, pflegte man (nach dem Vorbild der Jenaer Romantiker) den Austausch von Freundschaftssonetten. Auch die Marienverehrung gehört zur Tradition der von Novalis inspirierten Frühromantik, die hier nachwirkt.

19   *An Isidorus orientalis:* »Meine Sonette an Isidorus« notiert Eichendorff am 9. 1. 1808 vermutlich mit Bezug auf dieses Gedicht in seinem Tagebuch. Zur Antwort Loebens vgl. BDK S. 828 f.

Ermunterung: Während Eichendorff die beiden vorhergehenden Gedichte nicht veröffentlichte, nahm er das vorliegende in veränderter Form unter dem Titel *Aufgebot* in seine Gedichtsammlung von 1837 (G 1) auf. – Der Waldhornruf, der seit Tiecks *Sternbald*-Roman als geheimnis- und verheißungsvoller Klang mit romantischem Lebensgefühl in Verbindung gebracht wird, gehört zu den Leitmotiven des Loeben-Kreises.

21   *Frühlingsandacht:* Die folgenden drei Gedichte erschienen durch Vermittlung Loebens 1808 in AZ. Nach einem Tagebucheintrag wurden sie vermutlich am 29. 3. 1808 dem Herausgeber übermittelt. Auch die ersten beiden Gedichte trugen in einem Entwurf den Titel *An Maria.* Vermutlich hat Loeben den Zyklus aufgelöst und für die ersten beiden Sonette den neuen Titel formuliert. Nur das erste und dritte Gedicht übernimmt Eichendorff in G 1 unter dem Sammeltitel *Jugendandacht.*

23   *Frühling:* Unter dem Titel *Minnelied*, der vermutlich von Loeben stammt, erschien dieses Lied leicht verändert im 2. Band von AZ (1810).

24   *In Budde's Stammbuch:* Heinrich Wilhelm Budde (1786–1860) gehörte zum Loeben-Kreis und erhielt dort den Namen »Astralis«. Eichendorff trug ihm das Sonett am 2. 4. 1808 ins Stammbuch.

25   *In Strauss' Stammbuch:* Das Gedicht richtet sich an den Kommilitonen Gerhard Friedrich Abraham Strauß (1786–1863), der im »eleusischen Dichterbund« um Loeben den Namen »Dionysius« erhielt. Eichendorff selbst wurde nach einer Figur in Tiecks *Kaiser Octavianus* »Florens« ge-

nannt und veröffentlichte in AZ unter diesem Namen. Das vorliegende Sonett legt Eichendorff in seinem Roman *Ahnung und Gegenwart* einem »schmachtenden« Dichter in den Mund, was erste kritische Distanz zu seiner frühen Lyrik anzeigt.

»*Nicht Träume sind's und leere Wahn-Gesichte«:* ED: G 1 unter dem Sammeltitel *Sonette.*

26   *Sonett:* Neben dem Waldhorn ist die Kreuzfahrer-Thematik ein Leitmotiv des Loeben-Kreises. Eichendorff distanzierte sich später von dieser frühromantischen ästhetisierten Religiosität und veröffentlichte das Gedicht in den Sammelausgaben nicht.

27   *Jagdlied:* Das Lied ist in verschiedenen Fassungen überliefert. Die in G 1 (1837) überlieferte Fassung vertonte Mendelssohn-Bartholdy für gemischten Chor.

28   *Waldlust:* Dieses Gedicht, das noch einmal den Waldhornklang beschwört, nahm Eichendorff leicht verändert (ohne die letzte Strophe) in seine Sammelausgabe auf.

29   *Herbstliedchen:* Erst postum veröffentlicht.

30   *Die Zauberin im Walde:* Im I. Band von AZ erschien 1808 diese Fassung der Romanze, die Eichendorff 1837 überarbeitete und verkürzt noch einmal veröffentlichte. Anregungen zu Form, Thema und Stimmung stammen aus dem Schlegel-Tieck-Kreis, der neben den italienischen Formen auch die spanische Romanzentradition aufnahm. Tiecks Romanze *Die Zeichen des Waldes* dürfte Vorbild gewesen sein.

34   *Mariä Sehnsucht:* Bei diesem Gedicht sind zum erstenmal deutliche Anklänge an Volkslied und Märchen erkennbar. Eichendorffs Stil entwickelt sich insbesondere unter dem Einfluß der von Arnim und Brentano veröffentlichten Sammlung *Des Knaben Wunderhorn* (Heidelberg 1806/1808), die Eichendorff etwas verzögert rezipiert: Der erste Band erschien bereits im Herbst 1805, wurde im Loeben-Kreis jedoch zunächst nicht

aufgenommen. Zu der Übernahme einzelner Motive der Volksliedtradition vgl. BDK S. 860.

35 *Lied:* Im Roman *Ahnung und Gegenwart* (Kap. 12) führt Eichendorff dieses Lied als »Assonanzenlied« ein und legt es dem kritisierten »schmachtenden Dichter« in den Mund. Dem Freund Loeben, der in dieser Figur karikiert wird, übermittelt er das Lied jedoch vor der Integration in den Roman. Als dieser sich bei Lektüre von *Ahnung und Gegenwart* betroffen zeigt, weil er sich selbst in dem karikierten Dichter wiedererkennt, weist Eichendorff zu Recht darauf hin, daß die Roman-Darstellung auch Selbstkritik bedeutet. Eichendorff selbst löste sich erst allmählich von der Klangschwärmerei der Frühzeit.

36 *Lied:* 1810 erschien dieses in der Handschrift nur als *Lied* bezeichnete Gedicht unter dem Titel *Canzion* im 3. Band von AZ. In G 1 veröffentlichte es Eichendorff leicht verändert unter der Sammelüberschrift *Anklänge*.

37 *An Heinrich Grafen v. Loeben:* Als Eichendorff sich 1837 zur Veröffentlichung des Gedichts entschloß, ordnete er es in eine Reihe von Sonetten ein und gab ihm den Titel *An A –*, was bewußte Mystifikation oder Druckfehler sein kann, da das Gedicht in der Handschrift an den Freund Loeben gerichtet ist. Die späte Publikation nimmt eine weitere gewichtige Veränderung vor, da die erste Zeile nun lautet: Die Klugen, die nach *Gott* nicht wollten fragen.

38 *»Der Lenz mit Klang und roten Blumenmunden«* / *»Nun ziehen Nebel, falbe Blätter fallen«:* Die beiden 1808 entstandenen Sonette sind in der Handschrift durch Ziffern als zusammengehörig gekennzeichnet. Schon früh bildete Eichendorff kleine Zyklen; hier ist der Wechsel der Jahreszeit das verbindende Thema. Eichendorff löst die Texteinheit später wieder auf und publiziert nur das zweite Sonett. In G 1 steht es unter der Sammelüberschrift *Jugendandacht*, in G 2 nennt er es *Trauriger Winter*.

39 *An die Oder:* Das Gedicht ist möglicherweise bereits 1809 entstanden. In diesem Jahr unternahmen die Brüder im Herbst eine Fahrt im Kohlenschiff auf der Oder von Breslau nach Frankfurt, um nach Berlin zu gelangen.

40 *Auf dem Schwedenberge:* Das von Friedrich Schlegels Gedicht *Auf dem Feldberge* angeregte (vermutlich 1809 oder 1810 entstandene) Gedicht, das im Gedichtanhang von TM (1826) zum erstenmal gedruckt wurde, nimmt die triadische Geschichtsphilosophie der Frühromantik auf. »Gesänge / Von Freiheit und von Lust« klingen aus einer Urzeit herauf. Die »dunkelschaurigen« Töne, die in der Gegenwart noch vernehmbar sind, rufen zu einer Erneuerung dieser Zeit auf.

41 *Der Dichter:* Das vermutlich zwischen 1808 und 1810 entstandene Gedicht veröffentlichte Eichendorff erst in der Sammelausgabe von 1837.

42 *Klage:* Das Lied deutet schon im Untertitel *1809* den aktuellen Bezug an. Die romantische Geschichtsphilosophie wird hier auf die Tagespolitik bezogen: Das »unechte Regiment« wird von den Franzosen ausgeübt, die Deutschland beherrschen. Aus der Rückbesinnung auf die Geschichte erhofft sich Eichendorff eine kämpferische Erneuerung.

43 *»Die Welt ruht still im Hafen«:* Im Roman *Ahnung und Gegenwart* trägt dieses Lied keinen Titel, in der Gedichtsammlung von 1837 veröffentlicht Eichendorff es als Teil II unter dem Titel *Die Einsame.*

44 *Der Kranke:* Da Eichendorff Ende 1809 von einer schweren Krankheit heimgesucht wurde, wird das Lied zu dieser Zeit entstanden sein; erst 1837 wurde es gedruckt.

45 *Gebet:* Der Text ist eng mit einem Klausner-Lied in der Erzählung *Zauberei im Herbste* verwandt, vermutlich 1809 entstanden, aber erst postum veröffentlicht.

46 *Nach einem Balle:* Eine abweichende Fassung des Textes findet sich im 6. Kapitel von *Ahnung und Gegenwart.* Sie bildet

auch die Grundlage der Veröffentlichung in G 1, die Eichendorff unter den Titel *Wahl* stellt.

47 *Lied:* Das wohl populärste Lied Eichendorffs wurde 1813 zum erstenmal (im ›Deutschen Dichterwald‹, hg. v. Uhland und Kerner) veröffentlicht. Danach erschien es u. a. integriert in den Roman *Ahnung und Gegenwart* und im Gedichtanhang von TM (1826), wo es den bekannten Titel *Das zerbrochene Ringlein* erhielt. Eichendorff war stolz darauf, daß dieses Lied, das in der Vertonung Friedrich Glücks auch in das »Allgemeine Deutsche Commersbuch« einging, schon bald als anonymes Volkslied galt. Die zentralen Motive entstammen auch der Volksliedtradition und gehen auf *Des Knaben Wunderhorn* zurück (vgl. BDK S. 876–879). Die ambivalente Stimmung (Ich weiß nicht, was ich will, / Ich möcht' am liebsten sterben) ist jedoch Zutat der Romantik. – Eichendorff hat am Wortlaut dieses Liedes bei späteren Publikationen keine Veränderungen vorgenommen; es war ein »großer Wurf«, der ihm im Jahre 1810 gelang.

48 *Heimkehr:* Das Gedicht wird ebenfalls 1810 entstanden sein und erschien an gleicher Stelle wie das vorige. »Lied und Heimkehr von Florens sind recht klar und lieblich. Es freut mich ungemein, daß wir nun auch diesen Dichter gewonnen haben«, schreibt Ludwig Uhland an den Mitherausgeber des ›Deutschen Dichterwalds‹, Justinus Kerner. In späteren Nachdrucken hat Eichendorff den Titel *Jahrmarkt* gewählt.

49 *»Es waren zwei junge Grafen«:* Der in *Ahnung und Gegenwart* zum erstenmal publizierte Text, der 1837 als Teil III unter dem Titel *Wehmut* steht, ist vermutlich autobiographisch zu deuten und bezieht sich auf die gemeinsame Verehrung der Brüder Eichendorff für Madame Hahmann (s. o. S. 228), die auch 1810 bei Besuchen in der Heimat immer wieder aufflammte. Das Gedicht beginnt bereits im Ton balladesker

Volkslieder, hat aber auch Verwandtschaft mit dem Lied von den zwei Gesellen (vgl. S. 106).

51 *Mahnung:* Nur das erste Sonett erschien (ohne Titel) in *Ahnung und Gegenwart*; der vermutlich auch schon 1810 entstandene zweite Teil findet sich erst in der Publikation von 1837. Der Vergleich mit dem zögernden Hamlet, der die historische Stunde verpaßt, wird jedoch bereits im Roman gezogen. Verbunden damit ist freilich die Warnung vor einem *unmittelbaren* Eingriff in die Zeitgeschichte: »Es ist noch nicht an der Zeit zu bauen, so lange die Backsteine, noch weich und unreif, unter den Händen zerfließen«, heißt es in *Ahnung und Gegenwart.*

52 *Der Tiroler Nachtwache:* Bereits im Gedichtanhang von TM veröffentlicht Eichendorff diesen Text aus *Ahnung und Gegenwart*, der auf ein Lied des Jesuitendichters Friedrich Spee *(Christus im Garten)* aus der *Trutznachtigall* zurückgeht. Den Aufstand des tapferen Bergstammes, der anfangs gegen die übermächtigen Franzosen und Bayern wegen der Bergerfahrung und listenreichen Kriegsführung Andreas Hofers sehr erfolgreich war, feierten die Romantiker als Beispiel einer naturwüchsigen, spontanen Erhebung, die in krassem Gegensatz zu der Lethargie stand, die ganz Europa angesichts der Übermacht Napoleons erfaßt hatte. Die patriotischen Lieder der Romantiker halfen mit, den Bann zu brechen, und unterstützten nachhaltig die Bewegung, die zu den Befreiungskriegen führte. Eichendorff selbst schloß sich im Frühjahr 1813 den Freiwilligen an.

53 *Frische Fahrt:* In *Ahnung und Gegenwart* ist der Text der dämonischen Gräfin Romana, die ein böses Ende nimmt, in den Mund gelegt. Erst der Titel im Gedichtanhang von TM gibt dem Lied einen positiveren Klang. Felix Mendelssohn-Bartholdy vertonte es unter dem Titel *Wanderlied* und unterstrich damit den (scheinbar) harmlosen Charakter.

54   *Leben und Singen:* Der Titel ist auf einer Handschrift überliefert, die auf 1810 datierbar ist; in G 1 trägt der Text die Überschrift *Intermezzo.*

An den Hasengarten: Vor der Abreise nach Wien entstand im Oktober 1810 diese Fassung eines der bekanntesten Eichendorff-Texte. Der Titel der Handschrift bezieht sich auf den Hasengarten in Lubowitz. Die endgültige Fassung (hier S. 162) weicht erheblich ab und verzichtet auf die persönlich gehaltene letzte Strophe.

56   *Der Jäger Abschied:* Zur gleichen Zeit wie das vorige wird dieses Lied, das erst 1837 veröffentlicht wurde, entstanden sein. Es verdankt seine Popularität in der zweiten Hälfte des 19. Jahrhunderts der Vertonung Felix Mendelssohn-Bartholdys und gehörte seither zum Repertoire der Männergesangvereine. Auch im *Allgemeinen Deutschen Commersbuch* hat es seinen Platz gefunden.

57   *Intermezzo:* Nach einer Planung Eichendorffs sollte dieses Lied (»das Kleine«) dem »Jägerlied« folgen. Es wird ungefähr zur gleichen Zeit entstanden sein und wurde ebenfalls erst in G 1 veröffentlicht.

Wehmut: In *Ahnung und Gegenwart* singt die Mignon-ähnliche Figur Erwin dieses kleine Lied, das dann im Gedichtanhang von TM zum erstenmal mit Titel erschien. Das Bild der Nachtigall im Käfig hat emblematischen Charakter.

58   *Die Hochzeitsnacht:* Der vermutlich 1810 entstandene Text erschien zum erstenmal in *Ahnung und Gegenwart* (Kap. 23) und wurde in TM und G 1 unter dem Titel *Die Hochzeitsnacht* aufgenommen. In der Zeitschrift ›Braga‹ dagegen trug es 1828 den Titel *Ballade.* Die Handlung kehrt das Loreley-Motiv Brentanos aus dem *Godwi* um, da es hier der Mann ist, der aus verletzter Treue dämonische Züge annimmt.

61   *Der verliebte Reisende:* Der Zyklus wird in der Wiener Zeit entstanden sein, als Eichendorff frisch verlobt zu seinem

Jura-Studium aufgebrochen war. Im November 1810 trafen die Brüder zu ihrem Brotstudium, das wegen der prekären Lage der schlesischen Güter notwendig geworden war, in Österreich ein. Unter dem Titel *In der Fremde* hat Hugo Wolf einige Texte dieses Zyklus, der erst 1837 veröffentlicht wurde, vertont.

67 *Trost:* Zur gleichen Zeit entstanden wie das vorige und ebenfalls erst in G 1 publiziert.

68 *Begegnung:* Wegen der Verwandtschaft mit dem letzten Lied des Zyklus vom verliebten Reisenden wird dieses Lied auf Ende 1810 datiert, obwohl der ED erst 1837 erfolgte.

69 *Der Sänger:* Wahrscheinlich 1810/1811 entstand dieses Lied, das Eichendorff erst 1837 als Teil des Zyklus *Der wandernde Musikant* (mit einer weiteren Strophe) verändert publizierte.

1811–1815

71 *Waldesgespräch:* Der zuerst in *Ahnung und Gegenwart* veröffentlichte, vermutlich 1811 oder 1812 entstandene Text trug im ›Liederbuch für deutsche Künstler‹ (Berlin 1833) den (wohl nicht autorisierten) Titel *Von der Lorelei.* Damit ist das zentrale Motiv, das im 19. Jahrhundert vielfach aufgenommen wurde, bezeichnet. Die heute populärste Fassung (von Heinrich Heine) war 1811 noch nicht erschienen, und Eichendorff kannte das Motiv nur durch Clemens Brentano, der es mit seiner Gedichteinlage im *Godwi* aufgrund lokaler Tradition zum Echoberg gegenüber von Bacharach und der gefährlichen Stromschnelle zu einer Art Sage entfaltet hatte. Eichendorff führt den Liedtext in seinem Roman bereits als »Lied über ein am Rheine bekanntes Märchen« ein. In der Handschrift wählt er die Überschrift *Waldesgespräch*, später *Romanze* und *Waldgespräch* (G 1). 1840 vertonte Robert Schumann den Text.

Sonett: Möglicherweise richtet sich dieses, in *Ahnung und Gegenwart* zum erstenmal (in veränderter Form) veröffentlichte Sonett an Clemens Brentano. Der Titel in G 1 *(An A –)* wäre dann Mystifikation.

72   *An die Dichter:* Das Gedicht Eichendorffs, das ebenfalls in *Ahnung und Gegenwart* zum erstenmal gedruckt wurde, gehört in eine Reihe von romantischen Texten, in denen die Aufgabe des Dichters umrissen wird. Am nächsten stehen die (zuvor bereits erschienenen) Gedichte Friedrich Schlegels *(An die Dichter)* und Achim von Arnims *(Wahre und falsche Sänger)*. Vgl. BDK S. 882–885.

75   *Sonette:* Unter dem Titel *Sonette* veröffentlichte Eichendorff in G 1 einen kleinen Zyklus von drei Gedichten, von denen nur das dritte zuvor unter der Überschrift *Angedenken* bereits im Gedichtanhang von TM erschienen war. Alle drei werden wohl in Wien Anfang 1811 entstanden sein, zumal eine Verwandtschaft zu Passagen in *Ahnung und Gegenwart* erkennbar ist (vgl. BDK S. 916 f.). Vorbild für den in Teil I erwähnten Dom mit Turm ist demnach der Wiener Stephansdom. Die zwei »von Herz und Munde« Geschiedenen in Teil III sind Eichendorff und seine Braut Luise von Larisch.

77   *Morgen:* Der Text erschien zum erstenmal im Kontext des *Taugenichts* (1826), ist aber auch im Lustspielfragment *Wider Willen* enthalten. In G 1 wird unter dem Titel der Vierzeiler »Hinaus, o Mensch« (vgl. S. 84) ohne eindeutige Trennung angeschlossen.

Auf einer Burg: In G 1 ist dieses vermutlich 1811 entstandene Gedicht (mit dem hier eingeführten Titel) in den Zyklus vom verliebten Reisenden integriert (ED). Bei der Revision für G 2 (1841) wurde es herausgelöst, da es wenig zu der verliebten Reisestimmung paßt. Robert Schumann hat das Lied 1840 vertont.

78   *Zwielicht:* Das ebenfalls 1811 datierte Gedicht steht im 17. Kapitel von *Ahnung und Gegenwart* und ist deshalb mit

seiner düsteren Stimmung auf die Zeit vor den Befreiungskriegen gemünzt. Die isolierte Veröffentlichung unter dem zeitenthobenen, allgemeinen Titel tilgt diesen Geschichtsbezug, so daß die Aufforderung, dem Freund nicht zu trauen, überraschend wirkt.

79 *Das Flügelroß:* Mehrfach hat Eichendorff das Motiv des geflügelten Dichterrosses Pegasus in seinen Gedichten aufgenommen (vgl. *Die Heymonskinder*, S. 126). Das vermutlich 1811 entstandene Gedicht veröffentlichte Loeben in seiner Zeitschrift ›Hesperiden‹ 1816.

82 *Die deutsche Jungfrau:* In *Ahnung und Gegenwart* wird das (auf Dezember 1811 zu datierende) Lied als »Romanze« unter dem Titel *Von der deutschen Jungfrau* eingeführt. Auch dieses Gedicht hat historischen Bezug. Die Weigerung der deutschen Jungfrau, selbst im Falle äußerster Bedrohung den Antrag vom »röm'schen Rittersmann« abzulehnen, muß als politische Geste verstanden werden.

83 *Steckbrief:* Da dieser Steckbrief des Mädchens Rosa in *Ahnung und Gegenwart* erschien, muß das Gedicht spätestens 1812 entstanden sein. Der Titel (aus G1) nimmt auf die Deutung im Roman Bezug.

84 »*Hinaus, o Mensch, weit in die Welt*«: Die Strophe aus *Ahnung und Gegenwart* wurde wohl versehentlich in G1 dem Lied *Morgen* (vgl. hier S. 77) angefügt. Unser Text folgt einer (vermutlich später für ein Stammbuch angefertigten) Handschrift, die in der 4. Zeile nicht der Lesung des Romans (Druckfehler?) »Der Morgen *leicht*...« folgt, sondern Eichendorffs Lieblingswort »licht« statt dessen einfügt.

Jäger-Katechismus: Auch dieses Gedicht aus *Ahnung und Gegenwart* läßt sich nicht genauer datieren. Nach Eichendorff sind – einer Volksliedtradition entsprechend – die Verliebten die eigentlichen Jäger, die nach dem Schatz jagen. Reh und Hirsch stehen in dieser Tradition häufig für die Geliebten.

86 *Die Stille:* Ein weiteres Lied aus *Ahnung und Gegenwart,* das von Robert Schumann und Felix Mendelssohn-Bartholdy vertont wurde und schon in TM unter diesem Titel erschien.

Morgenlied: Das vermutlich 1812 entstandene Lied hat die gleiche Druckgeschichte wie das vorige.

88 *Der verirrte Jäger:* In *Ahnung und Gegenwart* ist es ein Mädchen, das, als Jäger verkleidet, dieses Lied singt. Die Jagd steht auch hier für die Suche nach dem Mädchen. Die gefährliche Verstrickung in »grüner Waldesnacht« stellt eine Verbindung zu der von Eichendorff mehrfach aufgenommenen Sage von der Waldfrau her, die sich bei ihm mit der Lorelei-Geschichte verbindet. Der Titel findet sich schon in TM.

89 *Nachhall:* Die Felsenmauern dieses Gedichts sind im Roman *Ahnung und Gegenwart* Mauern eines Klosters. Die Lösung, angesichts der geschichtlichen Verwirrungen in ein Kloster zu gehen, ist demnach eigentlich Gegenstand des Liedes. Schon der Titel in TM löst den Text jedoch aus diesem Kontext. In G1 wählt Eichendorff als Überschrift *Laß das Trauern.*

90 *In der Fremde:* Das Gedicht wurde erst 1837 (zunächst als Teil des Zyklus vom verliebten Reisenden) gedruckt. Das Rauschen der Bäche – als Zeichen einer verzauberten Natur, die ihre Geheimnisse nur dem Eingeweihten preisgibt und diesem den rechten Weg weist – wird zu einem zentralen, formelhaft wiederkehrenden Motiv Eichendorffs, das jedoch schon im *Wunderhorn* durch Brentano seine tiefe Bedeutung erhielt.

91 *An die Freunde (Der Jugend Glanz . . .):* Die Stanzen sind 1812 entstanden und waren als Einleitung zu *Ahnung und Gegenwart* gedacht. Wegen der langen Druckgeschichte des erst 1815 erschienenen Romans mußte jedoch ein anderes Vorwort formuliert werden. So erschien das Gedicht erst im Anhang zu TM.

Zeichen: Das erst 1837 gedruckte Gedicht dürfte sich auf die Wendung im russischen Feldzug Napoleons beziehen.

92   *An W.:* Das Gedicht richtet sich an den älteren Bruder Wilhelm, mit dem Eichendorff bis zu seinem Aufbruch in die Befreiungskriege (am 5. 4. 1813) fast ununterbrochen zusammenlebte. Die Trennung war endgültig: Von wenigen Begegnungen abgesehen, blieben die Brüder getrennt. Wilhelm nahm Abschied von der Poesie, wie er einmal schrieb, und ging in den österreichischen Staatsdienst. Joseph bemühte sich sein ganzes Leben darum, im preußischen Staatsdienst eine angemessene Lebensstellung zu gewinnen, und hatte erst kurz vor der Pensionierung nach Inthronisation des romantikfreundlichen Friedrich Wilhelms IV. Erfolg. – 1818 erschien das Gedicht in dem von Fouqué herausgegebenen Ftb; leicht verändert nimmt es Eichendorff in die Sammeleditionen von 1826, 1837 und 1841 auf.

93   *Appell:* Das vermutlich 1813 entstandene Gedicht wurde erst in G 1 gedruckt.

94   *An die Freunde (Es löste Gott...):* Nach einer datierten Handschrift ist das Gedicht am 2. 4. 1814, wenige Tage bevor Napoleon abdankte, geschrieben, aber später noch einmal überarbeitet (vgl. BDK S. 945 f.). Loeben publizierte den Text in seiner Zeitschrift ›Die Hesperiden‹, Eichendorff selbst veröffentlichte das Gedicht in seinen Sammeleditionen nicht, vermutlich weil er Distanz zu seiner zeitgebundenen Jubelstimmung gewonnen hatte.

96   *An die Lützowschen Jäger:* Rückblickend beschreibt Eichendorff im Spätsommer 1814 in Lubowitz seine zwiespältigen Kriegserlebnisse. Sein Bataillon, das vom »Turnvater« Ludwig Jahn geführt wurde, kam zum Kummer des Dichters nicht zum Einsatz. Eine Prosabeschreibung im Brief schildert das abenteuerliche Leben im Freikorps der Lützower Jäger weniger heroisch als das Lied (vgl. BDK S. 947).

97   *Lied:* Ein Entwurf zu diesem Text trägt den Titel *Abend-landschaft o<der> Abendwehmut. An Wilhelm 1814 im August.* Im Ftb von 1818 wählte Eichendorff die Bezeichnung *Lied*; später nannte er es *Abendlandschaft* (TM) und *Nachruf an meinen Bruder* (G1).

99   *Liedchen:* In den ›Hesperiden‹ Loebens trägt der Text den neutralen Titel *Liedchen.* Bei den (wenig veränderten) Nachdrucken wählt Eichendorff 1826 (in TM und im Gs) *Leid und Lust* (ebenso in G1).

101   *Mädchen:* Vermutlich richtet sich dieses 1837 zum erstenmal gedruckte und 1841 mit dem Titel *Mädchenseele* wiederholte Gedicht an Luise von Larisch und ist dann 1814 entstanden.

102   *Der Poet:* Das Gedicht ist ähnlich zu datieren wie das vorige und erschien ebenfalls in G1 zum erstenmal. Das beschriebene Ziel des Poeten, das Leben zum Gedicht zu machen (vgl. Schlußvers), gehört seit der Frühromantik zu den Topoi romantischen Denkens. Eine »Poetisierung des Lebens« hatte schon Novalis gefordert, und Eichendorff verglich den von ihm verehrten Brentano mit einem Volkslied.

Glückliche Fahrt: Das Lied erschien 1816 im Ftb und wurde 1826 leicht verändert auch in TM und im Gs (unter gleichem Titel) wieder abgedruckt.

103   *Liedchen:* Ein Jahr später (1817) erschien dieser Text im Ftb; vermutlich hatte Eichendorff das Lied – wie das vorige – bereits im Dezember 1814 an Fouqué gesandt. Wenig verändert erscheint es in TM und G1 (dort unter dem Titel *Glück*).

104   *Abend:* Das Gedicht, das erst 1837 veröffentlicht wurde, wird auf 1815 oder 1816 datiert. Der Vergleich des Frühlings mit dem Spielmann findet sich auch in den Erzählungen *Das Marmorbild* und *Das Wiedersehen.*

106   *Die Lerche:* Das zentrale Motiv dieses 1818 im Ftb zum erstenmal veröffentlichten Gedichts gehört zu dem Formelschatz von Eichendorffs Lyrik. Die Lerche steht für Befreiung, Erneuerung, Auferstehung. Die Versform ist jedoch für Eichendorff ungewöhnlich. Er bevorzugt die Volksliedstrophe, das Sonett und andere gebundene metrische Formen. Freie Rhythmen – die allerdings hier durch Reime doch eine festere Struktur erhalten – sind bei ihm selten.

Frühlingsfahrt: Das im Ftb von 1818 zuerst veröffentlichte Gedicht ist bekannter unter dem in G 1 eingeführten Titel *Die zwei Gesellen.* Es beschreibt verschiedene Lebenswege, wobei die Entscheidung des Philisters (für das Familienleben mit Bübchen) ebenso gefährlich ist wie der Weg des Naturschwärmers, in dem Eichendorff den Irrweg der Frühromantik zu kritisieren versucht. Beiden hilft nur die Wendung zu Gott, die sich in der gebetsartigen Schlußformel andeutet. Robert Schumann hat das Lied unter dem ursprünglichen Titel, der noch in TM und im Gs beibehalten wird, vertont.

108   *Der stille Freier:* Das Gedicht ist (leicht abweichend) in einem auf 1812–1816 datierten dramatischen Fragment überliefert, wurde jedoch erst in G 1 veröffentlicht.

Der frohe Wandersmann: 1823 erschien das Lied im *Troubadour* (der Vorstufe zum *Taugenichts*). Der Titel wurde erst für G 1 formuliert. Vertonungen von Theodor Fröhlich, Robert Schumann und Felix Mendelssohn-Bartholdy verdankt das Lied seine bis heute anhaltende Popularität.

109   *Liebe in der Fremde:* Drei Liedeinlagen aus der Erzählung *Das Marmorbild* (ED 1819) faßt Eichendorff (verbunden mit einem vierten Text aus *Dichter und ihre Gesellen*) in G 1 unter dem Titel *Liebe in der Fremde* zusammen.

111 *Frau Venus:* Auch dieses Lied stammt aus dem Kontext der Novelle und erhielt erst für G 1 seinen Titel.

112 *Der irre Spielmann:* Mit dem Frühling verbinden sich für Eichendorff nicht nur die erneuernden, positiven Kräfte. Auch heidnisch-magische Triebe, die in der Venus-Gestalt und dem Spielmann lebendig sind, kommen zum Ausbruch. Das Gedicht wurde 1837 zum erstenmal veröffentlicht, ist jedoch mit Entwürfen zum *Marmorbild* verbunden und daher wesentlich früher zu datieren.

113 *Der Isegrimm:* Auf das Beamtenleben Eichendorffs nehmen nur wenige Dichtungen Bezug. Als »letzten Balkentreter« bezeichnet sich Eichendorff in einem anderen Gedicht und nimmt damit vermutlich Bezug auf seine Tätigkeit als Hilfsarbeiter beim preußischen Unterrichtsministerium (Oktober 1820). Zu dieser Zeit könnte auch der erst 1837 veröffentlichte Text mit dem Hinweis auf das »Tret-Rad« entstanden sein.

114 *Durch!:* Das vermutlich 1821 entstandene Gedicht veröffentlichte Eichendorffs Sohn Hermann erst aus dem Nachlaß.

115 *Andeutungen (Ahnung und Gegenwart):* Erst 1955 wurde dieser kleine Zyklus, der einige Textparallelen zur Satire *Krieg den Philistern* (1824) enthält, aus dem Nachlaß veröffentlicht. Er wird in der Danziger Zeit (1821–1824) entstanden sein. Eichendorff ist sehr skeptisch gegenüber den seit der Französischen Revolution immer wieder beschworenen, zu Schlagworten abgesunkenen Begriffen »Freiheit« und »Gleichheit«. Der Gang der »Weltgeschichte« wird nach seiner Auffassung erst dann eine positive Wendung nehmen, wenn der Mensch seinen Blick auf Gott richtet. Ähnlich sieht er die Lösung auch bei der Betrachtung der Ereignisse von 1848 (vgl. den Gedichtzyklus unter diesem Titel, S. 198).

116 *Intermezzo:* Der Bürgermeister hält in der Satire *Krieg*

den Philistern (ED 1824) die hier als Gedicht nach G1 abge-
druckte Rede, in der geläufige Formeln der Verwaltung aufge-
nommen werden (cito: eilig; more solito: nach Gewohnheit;
ad acta: zu den Akten; species facti: Anschein der Tat).

117   *Der neue Rattenfänger:* Als Rattenfänger betätigt sich in
Krieg den Philistern der Narr, der hier die Parole Gleichheit
(vgl. S. 115 mit ähnlichem Text) ausgibt. Den Titel formuliert
Eichendorff für G1.

118   *Von Engeln und von Bengeln:* Auch dieser Text, in dem
Eichendorff die verschiedenen Möglichkeiten menschlichen
Lebens darstellt, indem er die Kontrahenten seiner Satire, die
Philister und die »Poetischen«, charakterisiert, singt der Narr
in *Krieg den Philistern.* 1828 erschien der Text in der Zeitschrift
›Braga‹, 1837 in G1.

120   *Heimweh:* Der Text stammt aus dem 1826 vollständig
publizierten *Taugenichts* und erhielt erst für G1 einen Titel. Ein
vermutlich nicht vom Dichter formulierter Titel im *Liederbuch
für deutsche Künstler* (Berlin 1833) kennzeichnet die Situation
des Sängers in der Novelle. Er gibt an *In Italien zu singen.*

121   *An der Grenze:* Das Lied singt der Taugenichts in der
Novelle, als er von Italien kommend die österreichische Gren-
ze erreicht. Der Titel aus G1 kennzeichnet diese Situation.

122   *Wanderlied der Prager Studenten:* Das Lied nimmt mit
seiner Mischform aus Deutsch und Lateinisch die Tradition
von Studentenliedern auf. Als solches ging es auch (in der
Vertonung von Göpel) in das *Allgemeine Deutsche Commersbuch*
ein. Der Text stammt aus dem *Taugenichts* und wurde erst 1841
(G2) isoliert veröffentlicht.

123   *Abend:* Veröffentlicht im *Taugenichts* und (mit Titel)
in G1.

Kirchenlied: Auf Veranlassung des Fürstbischofs Joseph
Prinz von Hohenzollern dichtete Eichendorff dieses Kirchen-
lied, das 1824 in der Danziger Kirche gesungen wurde.

125   *In die Höh':* Das Trinklied, das 1825 im Gs zum erstenmal gedruckt wurde und in allen Sammelausgaben Eichendorffscher Lyrik erschien, gehört zum festen Bestand der Liedertafeln, Männerchöre und Studenten-Verbindungen. In der Vertonung von J. W. Lyra erscheint es im *Allgemeinen Deutschen Commersbuch.*

126   *Die Heymonskinder:* Das Lied ist wie das vorige vermutlich für die Danziger Liedertafel geschrieben. Thema ist die für Eichendorffs Dichtung sehr wesentliche Zusammenarbeit von Dichter, Komponist und Sänger. Unterstützt vom Gott des Weines steigen alle drei auf das Pegasus-ähnliche Roß. – Erst 1837 veröffentlichte Eichendorff das Lied.

127   *»Mürrisch sitzen sie und maulen«:* In TM und im Gs erschien dieser Text als Teil IV des Zyklus *Der zufriedene Musikant* (in G 1: *Der wandernde Musikant*).

129   *Reise-Lied:* Auch dieses Lied erschien 1826 fast gleichzeitig in TM und im Gs. Eine Vertonung von J. W. Lyra verhalf dem Lied zur Aufnahme in das *Allgemeine Deutsche Commersbuch* und zu großer Verbreitung.

130   *Bei einer Linde:* Die gleiche Doppelpublikation wie bei den vorigen Gedichten verhalf dem Text nicht zu größerer Resonanz, obwohl die Linde seit der Romantik als symbolträchtiger Baum gilt, dessen Leben immer wieder mit dem Menschenleben verglichen wird.

Nachtigall: 1828 veröffentlichte Eichendorff den Text im Kontext des Dramas *Ezelin von Romano*, in G 1 erscheint der Titel.

131   *Wanderlied:* Im ›Berliner Musen-Almanach‹ publizierte Eichendorff 1831 dieses Lied. Ein Jahr später nahm er es in die Novelle *Viel Lärmen um Nichts* auf. Der Titel in G 1, unter dem es 1840 auch Felix Mendelssohn-Bartholdy vertonte, lautet *Allgemeines Wandern.*

132   *Malers Morgenlied:* Das Lied bildet den Schluß des klei-

nen Zyklus im ›Berliner Musen-Almanach‹ von 1831; im Roman *Dichter und ihre Gesellen* nimmt Eichendorff 1834 den Text erneut auf, dem er dann in G1 den Titel *Der Maler* gibt.

1831–1836

134 *Der alte Held:* In einem Sonderbändchen zu Goethes Geburtstag am 28. August 1831 erschien dieses Tafellied, das im DMA 1833 und in G1 erneut abgedruckt wurde. Die Mittwochsgesellschaft (ein Liederkreis) in Berlin hatte aus diesem Anlaß eine Art Preisausschreiben veranstaltet. Mit einigen Wendungen spielt Eichendorff auf Goethes Gedicht *Geistesgruß* an.

135 *Toast:* Auch der Toast, der erst 1837 gedruckt wurde, dürfte für die Mittwochsgesellschaft geschrieben sein.

»Es geht wohl anders, als du meinst«: Der Text erschien zuerst 1832 in der Novelle *Viel Lärmen um Nichts* und wurde dann in G1 unter die *Wandersprüche* aufgenommen.

Der verzweifelte Liebhaber: Das vermutlich schon Anfang der 30er Jahre entstandene Gedicht erschien in G1 im ED.

136 *Nachts:* Am 24. 3. 1832 starb Eichendorffs jüngstes Kind Anna (geb. 20. 10. 1830). Der Trauer um dieses Kind gab Eichendorff in einer Reihe von Gedichten Ausdruck, die einen neuen, ernsten Ton in seine Lyrik brachten – wie zeitgenössische Rezensenten sogleich bemerkten. Bereits im DMA des Jahres 1834 erschienen drei Gedichte, die 1837 in einen großen Zyklus *Auf meines Kindes Tod* eingeordnet wurden.

137 *Auf den Tod meines Kindes:* Unter diesem Titel erschien im folgenden Jahrgang des DMA eine Folge von fünf numerierten Gedichten, die später ebenfalls in den großen Zyklus von G1 eingingen.

140 *Liedchen:* Das kleine *Liedchen* ist erst seit einer Baseler

Handschriftenauktion von 1986 bekannt und gehört offenbar in den Zusammenhang von Eichendorffs ›Kindertotenliedern‹.

141   *Das Ständchen:* Im DMA von 1833 zum erstenmal gedruckt und in G1 aufgenommen.

Wegweiser: Im ›Schlesischen Musenalmanach‹ von 1833 erschien dieser (1837 wiederholte) Text.

142   *»Denkst du des Schlosses noch auf stiller Höh?«:* Das an den Bruder gerichtete Gedicht bezieht sich auf das Reich der gemeinsamen Kindheit, auf Lubowitz bei Ratibor in Schlesien. Wann Eichendorff das Erinnerungsgedicht, das erst 1859 im DMA gedruckt wurde, schrieb, ist ungewiß. Vermutlich entstand es im Zusammenhang mit den folgenden, ähnlichen Gedichten an Wilhelm, die in den Entwürfen zu dem Roman *Dichter und ihre Gesellen* auftauchen und um 1833 entstanden.

143   *Heimweh:* Das Gedicht erschien erst in der revidierten Ausgabe der Gedichte (1841). Vgl. zum vorigen.

An meinen Bruder: Im Gedicht über den Garten des Schlosses wird der Verkauf des Gutes angedeutet: »Und fremde Leute gehen...«. Dieses Gedicht erschien bereits in G1.

145   *Wander-Sprüche:* Die an Sprichwörter anklingenden Verse veröffentlichte Eichendorff 1834 im DMA und 1837 in G1.

146   *Morgengebet:* An gleicher Stelle wie die *Wander-Sprüche* publiziert und von Felix Mendelssohn-Bartholdy vertont.

Rückblick: Der zuerst in *Dichter und ihre Gesellen* (1834) veröffentlichte Text erhielt – wie alle folgenden aus dem Roman – in G1 seinen Titel.

147   *Der wandernde Student:* Die Druckgeschichte entspricht dem vorigen, jedoch wurde das Lied durch Vertonungen bekannt und ging auch in das *Allgemeine Deutsche Commersbuch* ein.

148 *Dryander mit der Komödianten-Bande:* Obwohl der Name des Schauspieldirektors im Gedichttitel ohne die Kenntnis des Romans *Dichter und ihre Gesellen* wenig erhellend ist, erschien das Lied unter dieser Überschrift in G 1. Das Lied wird in der Vertonung von Cesar Bresgen auch heute noch viel gesungen, wobei die dritte Strophe (und auch der Titel) dann meist weggelassen werden.

149 *Lockung:* Ein weiteres Gedicht aus *Dichter und ihre Gesellen,* das Hugo Wolf vertonte.

150 *Schöne Fremde:* Robert Schumann hat diesen Text aus *Dichter und ihre Gesellen* vertont.

Parole: Dieses Lied, das an die Lorelei-Thematik anklingt, vertonte Johannes Brahms. Es stammt ebenfalls aus *Dichter und ihre Gesellen.*

151 *Sehnsucht:* Das Gedicht gehört zu den am häufigsten interpretierten Eichendorff-Liedern, weil es mit seinem Fenster-Blick, seinem Fernweh, den Gesellen, Mädchen, rauschenden Wäldern, Palästen, Brunnen und dem Lautenklang fast alle zentralen Motive Eichendorffs aufnimmt. Mit einer Vertonung von J. W. Lyra ging das Lied in das *Allgemeine Deutsche Commersbuch* ein. Der Text stammt wiederum aus *Dichter und ihre Gesellen.*

152 *Der Wächter:* Unter dem Titel *Der Weckruf* hat Hans Pfitzner das Lied aus *Dichter und ihre Gesellen* vertont.

153 *Der Einsiedler:* In der erst postum erschienenen Novelle *Eine Meerfahrt,* die 1835/1836 entstand, findet sich bereits der Text zu diesem Lied, das dann 1837 im DMA und in G 1 separat wiederholt wurde. Robert Schumann hat es vertont. Vorlage ist das Lied des Einsiedlers in Grimmelshausens *Simplizissimus,* das auch ins *Wunderhorn* aufgenommen ist.

154 *Mondnacht:* Schumann und Brahms haben dieses berühmte Lied Eichendorffs vertont, das eine mythologische

Vermählung von Gaia und Uranos gestaltet. Es entstand in den 30er Jahren und wurde in der Sammelausgabe von 1837 zum erstenmal gedruckt. – Auf eine mögliche Quelle weist Franz Heiduk im »Nachrichten-Blatt der Eichendorff-Gesellschaft« (Dez. 1983, S. 18) hin. Im Kalender »Mährischer Wanderer« von 1809 stand folgendes Gedicht auf den Monat Mai:

> Dieser Monat ist ein Kuß,
> Den der Himmel giebt der Erde;
> Daß sie jetzt bald seine Braut,
> Künftig eine Mutter werde.

Der stille Grund: 1835 entstand dieses Gedicht, das zwei Jahre später im DMA und in G 1 gedruckt wurde.

155 *Wünschelrute:* Die zentralen Ideen der romantischen Ästhetik und Geschichtsphilosophie nimmt Eichendorff in diesem 1835 entstandenen Vierzeiler auf. Die gegenwärtige Welt ist in eine Art somnambulen Schlaf versunken. Nur der Dichter kann mit seinem Zauberstab die geheimnisvollen Melodien wecken, die einen Zugang zu der verschlossenen Welt eröffnen. Musik und Traum spielen bei diesem Erweckungsvorgang eine entscheidende Rolle. Die Tatsache, daß Eichendorff diese Zusammenhänge mit so wenigen Worten auf die Formel bringt, machen dieses Gedicht zu einem Meisterwerk, das zu Recht zu den am meisten zitierten Texten der Romantik gehört. Zum erstenmal wurde die *Wünschelrute* im DMA 1838 gedruckt, dann 1841 in G 2.

156 *Frischauf!:* Das 1836 im DMA und 1837 in G 1 abgedruckte Gedicht veröffentlichte Guido Görres unter dem Titel *Der Frühling schaut zum Fenster herein* 1846 in seinem *Deutschen Hausbuch* mit einer Illustration W. Kaulbachs.

157 *Das Lied:* Das erst postum erschienene Gedicht dürfte in den 30er Jahren entstanden sein.

158 *Der Verzückte:* Das in G 1 in den Zyklus *Der wandernde Musikant* eingeordnete Gedicht erschien im gleichen Jahr unter

dem Titel *Der Verzückte* im DMA. Das Gedicht lebt von dem Vergleich der Geliebten mit der Geige.

Gottes-Segen: Im gleichen Jahrgang vom DMA (1837) erschienen und in G1 mit *Das Kind* überschrieben.

159   *Trost:* Gleicher Druckort wie die vorigen.

Umkehr: Dieses Gedicht erschien unter gleichem Titel 1837 im ›Deutschen Taschenbuch‹ und in G1.

160   *»Viele Boten geh'n und gingen«:* Diese vier Zeilen stellt Eichendorff der Abteilung *Wanderlieder* in G1 voran. Später verwendet er sie auch als Stammbuchverse.

161   *Die Spielleute:* In G1 zum erstenmal gedruckt, aber möglicherweise früher entstanden.

162   *Abschied:* In seine Sammelausgabe von 1837 nahm Eichendorff eine veränderte Fassung seines ursprünglich auf Lubowitz bezogenen Textes auf (die frühe Fassung S. 54). In dieser Fassung wurde das Lied – besonders durch die Chorvertonung Felix Mendelssohn-Bartholdys – berühmt. Abgesehen von dem Titel ist der Text jedoch bereits geglättet in endgültiger Fassung in den Roman *Ahnung und Gegenwart* (1815) eingegangen. Im Gedichtanhang von TM trägt er den Titel *Im Walde bei L.*; in einer Publikation des Gs aus dem gleichen Jahr heißt es nur noch *Im Walde.* So wandelt sich der Text allmählich von einer Heimatdichtung im engeren Sinne zu einem von topographischen Anspielungen freien Gedicht, das – wie fast alle Texte Eichendorffs mit Anklängen an die Kindheit – von der ewigen Heimat des Menschen spricht. Die religiöse Wendung ist hier in der letzten Strophe besonders deutlich.

163   *Tusch:* Zum erstenmal in G1 gedruckt, aber vielleicht wesentlich früher entstanden.

164   *Im Herbst:* Auch dieses Gedicht erschien in G1 zum erstenmal. Es ist dem Gedicht *Im Alter* (S. 186) und den Kindertotenliedern Eichendorffs verwandt und dürfte kaum vor 1837 entstanden sein.

Der Kadett: Ähnlich wie in diesem Gedicht (ED in G 1) hat Eichendorff später in einem Spruch formuliert: »Jeder meint, die Schönste wär' sein Lieb'«.

165 *Trauriger Frühling:* Vgl. oben zu *Im Herbst.*

Neue Liebe: Die Anklänge an Goethes Gedicht *Neue Liebe, neues Leben* sind bei diesem in G 1 zum erstenmal gedruckten Gedicht augenfällig.

166 *Frühlingsnacht:* Robert Schumann hat dieses Lied (aus G 1) vertont.

167–169 *Werktag, Sonntag, Morgendämmerung, Weihnachten* und *Abschied:* In G 1 zum erstenmal gedruckt und vermutlich wenig vorher entstanden.

170 *Die Nonne und der Ritter:* Unter diesem Titel veröffentlichte Eichendorff in G 1 eine gestraffte und überarbeitete Fassung einer frühen (vermutlich 1809 entstandenen) Ballade (mit dem schwer deutbaren Titel *Maria von Tyrol im Kloster;* vgl. BDK, S. 34, 1071). Topographische Bezeichnungen (Andechs, dessen verfallenes Schloß Modell der 1. Fassung war, und Tyrol) sind hier getilgt, und auch der Bezug auf Maria fehlt.

171 *Der Unbekannte:* Das Gedicht (aus G 1) nimmt ein altes Motiv auf: Der »Unbekannte« ist ein verkannter göttlicher Besucher. Seine »Heimat« ist die transzendente Heimat des Menschen, die bei Eichendorffs Heimatbegriff stets mitgedacht ist.

172 *Valet:* Mit diesem Gedicht beschließt Eichendorff seine Sammelausgabe von 1837.

1837–1843

174 *Der alte Garten:* Das Gedicht erschien zunächst im Kontext der Novelle *Die Entführung* (1839), dann 1841 in G 2 mit Titel. Die beiden am Eingang des Gedichts genannten

Blumen (ein Liliengewächs und die Pfingstrose) stehen bei Eichendorff für eine mehrfach beschriebene prächtige Gartenkultur, in der die Natur in sinnvoller Weise »gezähmt« und gestaltet ist (vgl. dagegen die Gedichte *Prinz Roccocco* und *Sonst*; S. 209 und 183). Die Signale der alten Zeit (Springbrunnen, Laute, wunderbarer Klang) deuten auf diese positive Besetzung des Gartenbildes.

Der Kehraus: Im DMA von 1838 erschien dieses Gedicht, das ein geläufiges Totentanz-Motiv aufnimmt, im ED (Nachdruck in G 2).

176 *Nachruf:* Vgl. zum vorigen.

177 *Die Nachtigallen:* ED im DMA von 1839, dann in die Novelle *Die Glücksritter* (1841) und G 2 aufgenommen.

178 *Schlimme Wahl:* In diesem Lied für den DMA von 1839 (Nachdruck G 2) nimmt Eichendorff noch einmal das Lorelei-Motiv auf. Er stellt der Fee, die – ähnlich wie Brentanos Lorelei – als Verkörperung der Poesie gedacht ist, eine ›andere Dame‹ gegenüber, die für ein bürgerliches Leben (Philisterdasein) steht. Sie ist die eigentlich ›schlimme Wahl‹ des Gedichts.

179 *Lustige Musikanten:* Titel und Motive weisen auf Brentanos bereits 1803 erschienenes Singspiel. Der Text erschien 1841 parallel in der Novelle *Die Glücksritter* und in G 2.

181 *Klang um Klang:* Druckgeschichte wie das vorige. Im Kontext der *Glücksritter* sind die einzelnen in G 2 bezifferten Strophen als Gesang einer unbekannten Stimme aus dem Walde (1 und 3) eingeführt, der eine andere Stimme aus dem Garten (2) antwortet.

182 *Vorbei:* Das im DMA von 1840 zuerst gedruckte und in G 2 wiederholte Gedicht stand in der Handschrift unter dem Titel *[Spätes] Wiedersehen. Im October 1839.*

183 *Sonst:* Im Gegensatz zu dem Gedicht *Der alte Garten* (vgl. S. 174, 251) wird hier eine verschnittene, gekünstelte

Gartenwelt vorgestellt, die ein falsches Naturbewußtsein verrät. Kennzeichen dafür sind die Reminiszenzen an Garten- und Lebensvorstellungen des französisch geprägten Rokoko (Buchsbaum, Alleen, Spieluhr, Menuett, Kavalier und Schäferspiele). ED im DMA von 1840, wiederaufgenommen in G 2 und der Schrift *Der Adel und die Revolution* (1859).

184 *Der Wegelagerer:* In G 2 zum erstenmal gedruckt, nach Meinung von Hermann von Eichendorff 1839 entstanden.

Herbstweh: Die Handschrift zu diesem kleinen Herbst-Zyklus, der in G 2 erschien, trägt das Datum »1839 (October)«.

185–186 *Dank, So oder so, Im Alter, Wacht auf!:* Druckgeschichte und Datierung wie beim vorigen.

187 *An Görres:* Das erst postum veröffentlichte Gedicht richtet sich an Joseph Görres, den Eichendorff bereits in Heidelberg verehrte. Um 1839 stand Görres im Zentrum des spätromantischen Kreises in München und kämpfte mit der Zeitschrift ›Historisch-politische Blätter‹, in der auch Eichendorff publizierte, für eine Erneuerung der katholischen Bewegung. Mit der Bezeichnung »Einsiedler« spielt Eichendorff auf Görres' Beteiligung an der Heidelberger ›Zeitung für Einsiedler‹ (1809) an.

188 *Bei Halle:* 1841 im DMA und in G 2 erschienen und in *Halle und Heidelberg* erneut zitiert. In der Handschrift auf Februar 1840 datiert, als sich Eichendorff jedoch nicht in Halle aufhielt.

189 *Romanze:* Das im DMA von 1841 gedruckte Gedicht trägt in G 2 die Überschrift *Intermezzo. Blonder Ritter*, und richtet sich vermutlich gegen Heinrich Heine.

Wanderlied: Druckgeschichte wie beim vorigen. In G 2 lautet der Titel *Wandernder Dichter*.

190 *Wechsel:* Das in G 2 zum erstenmal gedruckte Gedicht dürfte auf den Regierungswechsel in Preußen anspielen: Im

Herbst hatte – nach langer Zeit des Wartens – Friedrich Wilhelm IV. den Thron bestiegen. Die Erwartungen an den als liberal und romantikfreundlich geltenden Monarchen waren groß, wurden jedoch bald enttäuscht. Eichendorff versuchte die Stimmung mit Naturbildern darzustellen.

191   *»Ein Eiland, das die Zeiten nicht versanden«:* Mit diesem Sonett widmete Eichendorff seine Gedichtedition von 1841 (G 2) Friedrich Wilhelm IV., der ihm noch vor der Inthronisation dazu Erlaubnis erteilt hatte.

192   *Marienlied:* ED in G 2; möglicherweise jedoch wesentlich früher entstanden.

Stimmen der Nacht: ED in G 2. Der ursprünglich selbständige Teil 2 trug zunächst den Titel *Mahnung*.

193   *Fee Morgana:* Im ›Berliner Taschenbuch‹ von 1843 gedruckt und 1859 unter dem Titel *Fata morgana* im ›Ost- und Westpreußischen Musenalmanach‹ wiederholt.

194   *Der brave Schiffer:* Zum 50jährigen Dienstjubiläum seines Vorgesetzten Theodor von Schön, der lange Zeit als Regierungspräsident von Ost- und Westpreußen einen hohen Posten bekleidete, nach dem Regierungswechsel in Preußen aber (wegen seines Eintretens für eine konstitutionelle Staatsform) an Einfluß verlor, entstand dieses in einem Privatdruck 1843 veröffentlichte Gedicht, das auch im ›Ost- und Westpreußischen Musenalmanach‹ 1859 wiederholt wurde. Eichendorff pflegte eine distanzierte Freundschaft zu Theodor von Schön. Sein Gedicht nimmt Motive einer früher entstandenen Gelegenheitsdichtung (für Friedrich August von Stägemann; BDK S. 317) wieder auf.

195   *Nachts:* Das Gedicht entstand bei Eichendorffs Aufenthalt in Danzig im Sommer 1843 und wurde erst postum veröffentlicht. Hans Pfitzner hat es vertont.

197   *Das Alter:* Nach Hermann von Eichendorff entstand dieses, im ›Ost- und Westpreußischen Musenalmanach‹ 1859 publizierte Sonett bereits 1844. Hans Pfitzner hat es vertont.

»*Es träumt ein jedes Herz*«: Im Januar 1847 lernte Eichendorff Clara Schumann bei einem Konzert in Wien kennen. Mit der Unterschrift »Zur gütigen Erinnerung an Ihren, ganz ergebenen Joseph Freiherrn von Eichendorff« übermittelte er ihr die Verse, nachdem ihm Clara am 19. 1. 1847 ein vorbereitetes Stammbuchblatt zugeschickt hatte.

198   *1848:* Unter dieser Jahreszahl faßte der Dichter eine Reihe von neun Gedichten zusammen, die sich mit den revolutionären Ereignissen dieses Jahres in Deutschland befaßten. Die Gedichte wurden erst postum aus dem Nachlaß veröffentlicht. Lange Zeit hielt sie der Sohn Hermann unter Verschluß; der Eichendorff-Familie war daran gelegen, daß das konservative Bild des Dichters nicht verändert wurde. Die Texte lassen nämlich erkennen, daß Eichendorff mindestens vorübergehend die erneuernden Impulse des Aufstands wahrnahm und guthieß. Zwar hält er den blinden Fortschrittsglauben (der im Bild der Lokomotive erscheint) für gefährlich (vgl. II), aber »das sündgraue Alte« ist ihm ebenso suspekt: »den neuen Bau den freien Söhnen«, heißt es im IV. Gedicht. »Was alt und faul«, muß nach seiner Auffassung einer Erneuerung weichen, die unter dem Zeichen der Vermittlung und der religiösen Neubesinnung steht. Damit ist nicht die Position der »Fortschrittlichen«, der Liberalen und »Demagogen« umschrieben, aber auch nicht einer Restauration das Wort geredet. Die vermittelnde Position, die bei der Polarisierung der Meinungen im Vormärz wenig Beifall finden konnte, hat Eichendorff ausführlicher in seinem Aufsatz *Der Adel und die Revolution* (1859) dargestellt. Zu den Einzelheiten vgl. BDK S. 1111–1116.

203 *Der Freiheit Wiederkehr:* Die beiden Gedichte, die sich ebenfalls auf die Ereignisse von 1848 beziehen, stehen in der Urfassung des Märchens *Libertas und ihre Freier.* Teil 2, der aus der Perspektive der personifizierten Freiheit gesprochen ist, erscheint verändert auch in der gedruckten Fassung des Märchens.

206 *Libertas' Klage:* In der 3. Auflage der Gedichte (1850) erschien dieses Gedicht zum erstenmal im Druck. In veränderter Form nimmt es Eichendorff auch in sein Versepos *Robert und Guiscard* (BDK S. 658 f.) auf.

207 *An meinem Geburtstage:* Von Hermann von Eichendorff erst postum publiziert und datiert.

208 *Die Zeit geht schnell:* 1853 wurde das Lied im *Buch Deutscher Lyrik* veröffentlicht.

209 *Prinz Roccocco:* Ähnlich wie in dem Sonett *Sonst* (vgl. S. 183) beschreibt Eichendorff hier den abgezirkelten französischen Rokoko-Garten, der in seinen Augen einen falschen Umgang mit der Natur zeigt. Waldesrauschen und Lenz, die in der letzten Strophe beschworen werden, stehen für die unzugerichtete Natur, die dem Menschen zum Vorbild werden sollte. Das Gedicht erschien 1854 im DMA.

210 *Der verspätete Wandrer:* Das hier nach einem Faksimile wiedergegebene Gedicht gehört zu den Reinschriften des Jahres 1854 und erschien leicht verändert im DMA 1859.

211 *Mahnung:* Nach Hermann von Eichendorff ist das Gedicht 1856 entstanden; 1859 erschien es im ›Ost- und Westpreußischen Musenalmanach‹.

212 *Der Erlöser:* Der schwer datierbare Vierzeiler wurde erst postum aus dem Nachlaß veröffentlicht.

AZ Asts Zeitschrift; Zeitschrift für Wissenschaft und Kunst, hg. v. Georg Anton Friedrich Ast, I/II, Landshut 1808 und 1809 (im Haupttitel 1810); III, München 1810

BDK Bibliothek Deutscher Klassiker; Joseph von Eichendorff, Gedichte, Versepen, hg. v. Hartwig Schultz, Frankfurt 1987

DMA Deutscher Musenalmanach, 1833–1839 hg. v. Adelbert von Chamisso und Gustav Schwab (Leipzig); 1840/1841 hg. v. Theodor Echtermeyer und Arnold Ruge (Berlin), 1854 hg. v. Otto Friedrich Gruppe (Berlin); 1859 hg. v. Christian Schad (Würzburg)

ED Erstdruck

Ftb Frauentaschenbuch, hg. v. Friedrich de la Motte-Fouqué, Nürnberg 1816–1818

G 1 Gedichte von Joseph Freiherrn von Eichendorff, Berlin 1837

G 2 Joseph Freiherrn von Eichendorff's Werke, Erster Theil, Gedichte, Berlin 1841 (und 1842)

Gs Der Gesellschafter oder Blätter für Geist und Herz, hg. v. Friedrich Wilhelm Gubitz, Berlin

TM Joseph von Eichendorff, Aus dem Leben eines Taugenichts und das Marmorbild. Zwei Novellen nebst einem Anhange von Liedern und Romanzen, Berlin 1826

ALPHABETISCHES VERZEICHNIS
DER GEDICHTANFÄNGE UND
-ÜBERSCHRIFTEN

Die kursiv gesetzten Ziffern verweisen auf die Anmerkungen

INHALT